55  5-Minuten-Spiele für den Deutschunterricht

Motivierende Ideen für zwischendurch

Emma Achtfelsen

Verlag an der Ruhr

Impressum

Titel
55 5-Minuten-Spiele für den Deutschunterricht
Motivierende Ideen für zwischendurch

Autorin
Emma Achtfelsen

Umschlagmotiv, Kapiteldeckblätter und Schmuckelemente im Innenteil
© asafeliason – stock.adobe.com

Druck
Heenemann GmbH & Co. KG, Berlin, DE

Verlag an der Ruhr
Mülheim an der Ruhr
www.verlagruhr.de

Geeignet für die Klassen 5–13

ISBN 978-3-8346-3054-4

Inhaltsverzeichnis

Vorwort

Die Hausaufgaben sind gestellt und abgeschrieben und es bleiben noch zehn Minuten übrig. Grammatik steht für die folgende Stunde auf dem Programm, aber der Einstieg im Lehrbuch ist einfach zu trocken für Ihren Geschmack. – Sicher kennen auch Sie solche und ähnliche Situationen, in denen Sie Lücken füllen oder Ihre Schüler* besonders motivieren wollen. Damit Sie das ohne große Anstrengung tun können, versammelt dieses Buch 55 Spielideen, mit denen Sie Ihre Schüler einfach und sinnvoll beschäftigen können.

Die Spiele sind den Kompetenzbereichen des Deutschunterrichts zugeordnet, sodass Sie schnell die passende Idee zu Ihrem Unterrichtsthema auswählen können:

- Sprechen und Zuhören
- Schreiben
- Lesen – Umgang mit Texten und Medien
- Reflexion über Sprache
- Methoden

Damit Ihnen auch die Einordnung in Ihre Stunde (Einstieg, Stundenausklang etc.) leichtfällt, wird darüber hinaus die Art des Spiels angegeben:

- Bewegungsspiel
- Schreibspiel
- Kommunikationsspiel
- Wissensspiel

Für jede Spielidee gibt es eine ausgearbeitete Anleitung, die Sie 1:1 in den Unterricht übernehmen können. Hinweise auf Variationen helfen Ihnen, den Verlauf an Ihre Lerngruppe anzupassen. Auf Altersangaben wurde bewusst verzichtet, da die meisten Spiele in jeder Schulstufe einsetzbar sind: Die Begeisterungsfähigkeit der Schüler ist für das Gelingen ausschlaggebender als das Alter.

Auch wenn Sie mit den Spielen bestimmte Kompetenzen fördern und die Kernbereiche des Deutschunterrichts abdecken können, stehen vor allem Spaß am Spiel sowie Freude an Wettbewerb und Teamarbeit im Vordergrund dieser Sammlung.

Gönnen Sie sich und Ihren Schülern hin und wieder eine spielerische Auszeit!

* *Der Verlag an der Ruhr legt großen Wert auf eine geschlechtergerechte und inklusive Sprache. Seit 2019 nutzen wir daher das Gendersternchen oder neutrale Formulierungen, um alle Menschen, unabhängig von Geschlecht oder Geschlechtsidentität, einzuschließen. In Texten für Schüler*innen finden sich aus didaktischen Gründen neutrale Begriffe bzw. Doppelformen. Titel, wie dieser, die erstmalig vor 2019 erschienen sind, enthalten leider noch das generische Maskulinum.*

Sprechen und Zuhören

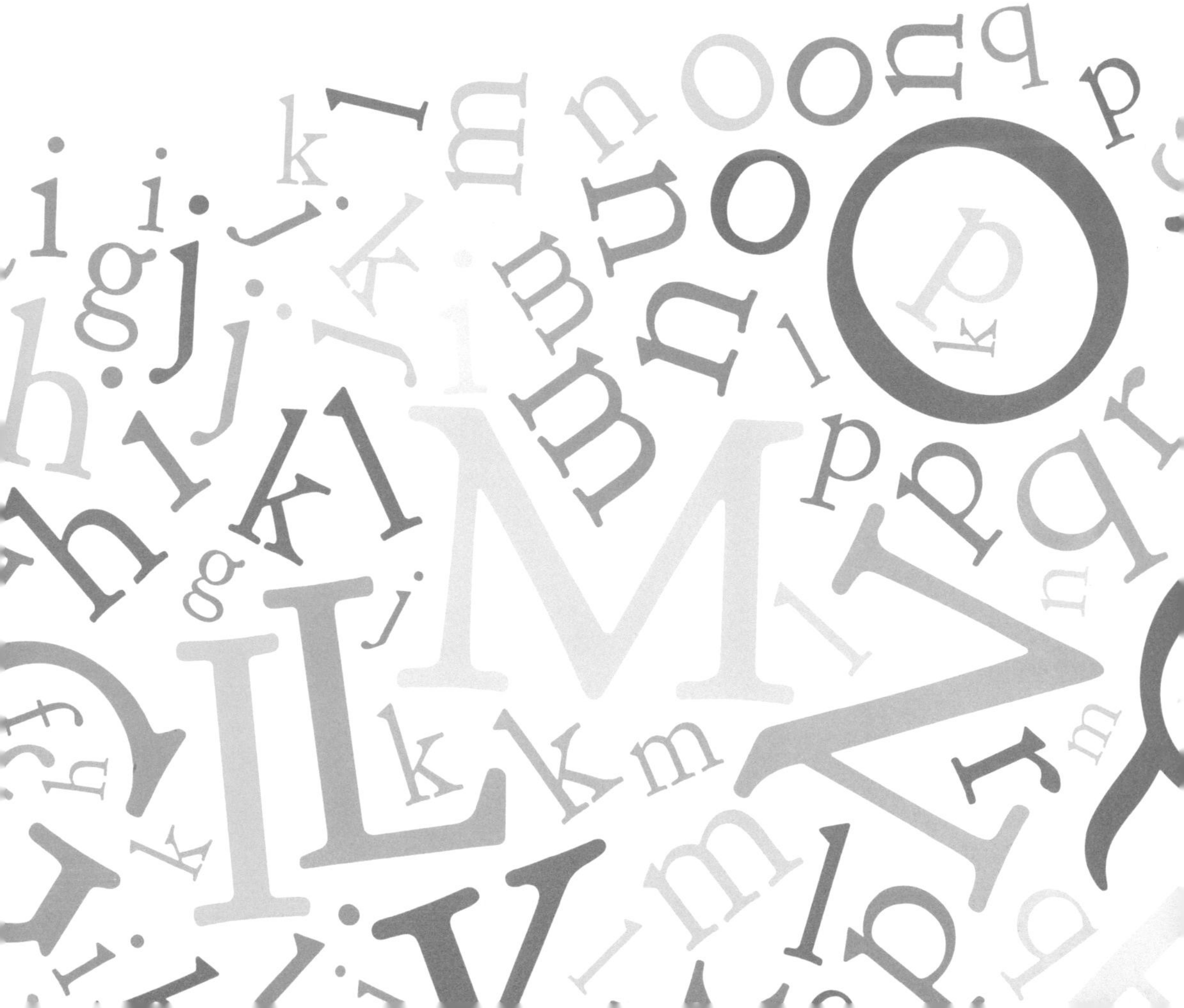

Klassengeschichte

Sprechen und Zuhören

Art: Kommunikationsspiel

Kompetenz: aufmerksam zuhören/Geschichten erzählen

Material: –

Schwierigkeitsstufe: leicht

Vorbereitung

–

Durchführung

Geben Sie ein Thema oder ein Genre für eine Kurzgeschichte vor (z. B. Krimi, Klatschgeschichte, Witz etc.). Nennen Sie das erste Wort eines Satzes (z. B. „Am", „Beim", „Gestern" etc.). Der Schüler rechts von Ihnen muss ein zweites Wort hinzufügen, der Nächste ein drittes usw., sodass sinnvolle Sätze entstehen. Diese sollten sich auf Hauptsätze beschränken, damit das Weiterführen nicht zu schwierig wird. Schließlich entsteht eine komplette Geschichte.

Tipp

Bei dem Spiel steht nicht die fehlerfreie Bildung von Sätzen im Vordergrund, sondern das gemeinsame Erzählen einer Geschichte. Fehler (z. B. das Anfügen mehrerer Wörter, längere Wartezeiten, Grammatikfehler) müssen deshalb nicht korrigiert oder sanktioniert werden, wenn sie den Ablauf der Geschichte nicht stören.

Wörter merken (1/3)

Art: Wissensspiel

Kompetenz: Zuhören, Konzentration und Gedächtnis trainieren

Material: Text/Textausschnitt (KV)

Schwierigkeitsstufe: mittel

Vorbereitung

Wählen Sie einen Text oder Textausschnitt, z. B. aus der aktuellen Lektüre, aus (Kopiervorlagen siehe Folgeseiten).

Durchführung

Fordern Sie die Schüler auf, besonders aufmerksam zuzuhören. Lesen Sie den ausgewählten Textausschnitt langsam und deutlich 2-mal vor. Die Schüler haben dann zwei Minuten Zeit, alle Nomen, an die sie sich erinnern können, aufzuschreiben. Lesen Sie anschließend die Nomen des Textes vor oder zeigen Sie sie über Folie. Für jedes richtige Wort gibt es einen Punkt. Derjenige mit den meisten Punkten gewinnt.

Variation

Die Schüler können natürlich auch Verben, Adjektive, Präpositionen usw. aufschreiben.

Emmy von Rhoden

Der Trotzkopf

Am **Tag** vor ihrer **Abreise** schloss sich **Ilse** in ihr **Zimmer** ein und begann zu packen. Aber wie! Bunt durcheinander, wie ihr die **Sachen** in die **Hand** kamen. Zuerst das geliebte **Blusenkleid** nebst **Ledergürtel**. Es wurde mit **Schwung** in den **Koffer** hineingeworfen und mit den **Händen** etwas festgedrückt. Dann folgten die hohen **Lederstiefel** mit **Staub** und **Schmutz**, wie sie waren, ferner eine alte **Zieharmonika**, auf der sie nur ein paar **Töne** hervorbringen konnte, ein neues **Hundehalsband** mit einer langen **Leine** daran, ausgestopfter **Kanarienvogel**, und zuletzt griff sie nach einem **Glas**, in dem ein **Laubfrosch** saß. **Ilse** liebte den **Frosch** sehr, und so musste das arme **Tier** auch mitverpackt werden.

(Quelle: von Rhoden, Emmy: Der Trotzkopf. Gustav Weise Verlag, 1885.)

Johann Wolfgang von Goethe

Die Leiden des jungen Werther

Dass das **Leben** des **Menschen** nur ein **Traum** sei, ist manchem schon so vorgekommen und auch mit mir zieht dieses **Gefühl** immer herum. Wenn ich die **Einschränkung** ansehe, in welcher die tätigen und forschenden **Kräfte** des **Menschen** eingesperrt sind; wenn ich sehe, wie alle **Wirksamkeit** dahinaus läuft sich die **Befriedigung** von **Bedürfnissen** zu verschaffen, die wieder keinen **Zweck** haben, als unsere arme **Existenz** zu verlängern, und dann, dass alle **Beruhigung** über gewisse **Punkte** des **Nachforschens** nur eine träumende **Resignation** ist, da man sich die **Wände,** zwischen denen man gefangen sitzt, mit bunten **Gestalten** und lichten **Aussichten** bemalt.

(Quelle: von Goethe, Johann Wolfgang: Die Leiden des jungen Werther. In: Goethes Werke. Abt. 1, Bd. 19. Hermann Böhlaus Nachfolger, 1899.)

Buchstabenketten

Sprechen und Zuhören

Art: Kommunikationsspiel

Kompetenz: Rechtschreibung und Wortschatz trainieren

Material: –

Schwierigkeitsstufe: mittel

Vorbereitung

–

Durchführung

Geben Sie einen Buchstaben vor (z. B. „F"). Der Schüler rechts von Ihnen fügt nun einen zweiten hinzu (z. B. „a"), der nächste einen dritten (z. B. „n") usw. Jeder Spieler muss ein Wort kennen, das mit dieser Buchstabenfolge gebildet werden kann (z. B. fangen). Glaubt ein Schüler, der an der Reihe ist, dass es kein Wort mit den bisher genannten Buchstaben gibt, bittet er den letzten Schüler, sein Wort zu nennen. Kann er das, so scheidet der zweifelnde Mitspieler aus. Hat er „geblufft" und kann kein Wort nennen, scheidet er aus und der Schüler, der gefragt hat, beginnt mit einem neuen Buchstaben. Gewonnen hat der Spieler, der als letzter übrig bleibt.

Tipp

Bei jüngeren Schülern können die genannten Buchstaben an der Tafel notiert werden, sodass alle Spieler sie mitverfolgen können.

Raten mit allen Sinnen

Sprechen und Zuhören

Art: Kommunikationsspiel

Kompetenz: Wortschatz trainieren/nach konkreten Vorgaben beschreiben

Material: –

Schwierigkeitsstufe: mittel

Vorbereitung

Jeder Schüler überlegt sich einen Ort, den er mithilfe von Sinneseindrücken beschreiben kann. Dabei sind folgende Satzanfänge vorgegeben:

- Ich sehe ...
- Ich höre ...
- Ich rieche ...
- Ich fühle ...
- Ich schmecke ...

Durchführung

Der Startspieler wird ausgelost. Er trägt seine Beschreibung (die fünf Sätze) vor. Die anderen versuchen, anhand der Beschreibung herauszufinden, welcher Ort gemeint ist. Hat jemand eine Ahnung, ruft er „Stopp!" und äußert seine Vermutung. Ist sie richtig, bekommt er einen Punkt und darf als Nächster seine Sätze vortragen. Liegt er falsch, darf er bei diesem Ort nicht mehr mitraten. Kommt kein Spieler auf den richtigen Ort, nennt der Beschreibende die Lösung und wählt den nächsten Vorleser aus.

Schillerstraße light (1/2)

Sprechen und Zuhören

Art: Kommunikationsspiel/Bewegungsspiel

Kompetenz: freies und gestaltendes Sprechen/Reaktionsvermögen trainieren

Material: Kärtchen mit Sprech- oder Handlungsanweisungen (KV), ggf. leere Karteikärtchen

Schwierigkeitsstufe: mittel

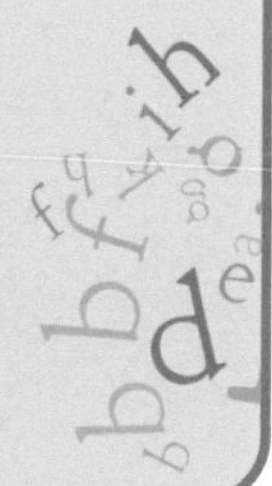

Vorbereitung

Bereiten Sie Kärtchen mit Handlungs- oder Sprechanweisungen vor oder verwenden Sie die fertigen Beispielkarten (Kopiervorlage siehe Folgeseite).

Durchführung

Losen Sie einen Schüler aus, der nach vorn kommt. Er hat die Aufgabe, in die Rolle einer Figur aus einer Klassenlektüre zu schlüpfen. Dabei erzählt er vom Leben dieser Figur, z. B. in Form eines Lebenslaufs oder als Zusammenfassung ihrer Taten, Gedanken, Gefühle etc. Im Laufe des Monologs reichen Sie (oder ein Mitschüler) dem Spieler Kärtchen mit Sprech- oder Handlungsanweisungen, z. B. „Du merkst, dass du drei Tage nicht geschlafen hast" oder „Du hüpfst beim Reden munter durch den Klassenraum". Diese Anweisungen muss der Schüler sofort umsetzen. Dazu darf er den Charakter und die Fähigkeiten der Figur natürlich auch ändern. Nach zwei Minuten kommt der nächste Spieler an die Reihe.

Variation

Sie können den Zuschauern auch leere Karteikärtchen geben, auf die sie vor oder während des Spiels eigene Sprech- und Handlungsanweisungen schreiben. Haben die Schüler eine Karte fertig, melden sie sich, Sie nehmen diese an sich und setzen sie ggf. sofort ein. Bei unruhigen Klassen oder jüngeren Schülern können die Spielanweisungen alternativ schon vor dem Spiel geschrieben und anschließend eingesammelt werden. Dann können die Schüler sich besser aufs Zuschauen konzentrieren und es entsteht keine Unruhe.

Du merkst plötzlich, dass du in die Hauptperson der Lektüre verliebt bist.	Du legst dich während des Sprechens auf dem Pult zum Schlafen hin.
Du bist stinksauer, weil dich dein bester Freund versetzt hat.	Du fängst an, das Klassenzimmer sauber zu machen.
Du bekommst plötzlich eine schlimme Nachricht.	Du fängst an, zu tanzen.
Du freust dich, weil du ein tolles Geschenk bekommst.	Du machst gymnastische Übungen.
Du erinnerst dich an deinen ersten Kuss.	Du versuchst, die Arme hinter dem Rücken zu verschränken.
Du überlegst, was du morgen unternehmen könntest.	Du machst dich so klein wie möglich.
Du planst eine Intrige gegen deinen größten Feind.	Du versuchst, von einem Mitschüler einen Stuhl zu klauen.
Du bist traurig, weil dich alle im Stich gelassen haben.	Du suchst in der Klasse nach einem bestimmten Buch.
Du fluchst und schreist, weil alle über dich lachen.	Du malst dein/ein Haustier an die Tafel.

Malen mit verbundenen Augen (1/2)

Sprechen und Zuhören

Art: Kommunikationsspiel

Kompetenz: präzises Erklären trainieren

Material: auf Folie kopierte Strichzeichnungen (KV), OHP/Whiteboard, leere Folien, Folienstifte, ggf. Augenbinden

Schwierigkeitsstufe: mittel

Vorbereitung

Ziehen Sie die Strichzeichnungen (Kopiervorlage siehe Folgeseite) auf Folie oder bereiten Sie eigene einfache Zeichnungen vor, die Sie über Overheadprojektor/ Whiteboard präsentieren können.

Durchführung

Die Schüler setzen sich in Paaren zusammen. Einer von beiden schließt bzw. verbindet sich die Augen. Präsentieren Sie dann die Strichzeichnung. Der sehende Schüler des Teams versucht, präzise Zeichenanweisungen zu geben, sodass der Schüler mit den verbundenen Augen die Form auf einer Folie möglichst genau nachzeichnen kann. Nach zwei Minuten soll die Zeichnung fertig und mit Namen versehen sein. Sammeln Sie die Folien ein und zeigen Sie die Ergebnisse. Lassen Sie die Schüler abstimmen, welches Paar das Original am besten getroffen hat. Danach wechseln die Rollen und das Spiel beginnt mit einer zweiten Form von vorn.

Variation

Ein „Maler" meldet sich freiwillig und zeichnet direkt am Overheadprojektor/ Whiteboard, was die Zuschauer ihm nacheinander diktieren. Dazu müssen die Schüler die Originalform sehen können (z. B. als Kopie).

Tipps

- Die Anweisungen für den Malenden müssen möglichst genau sein: „Setze den Stift links unten an und zeichne eine diagonale Linie, bis ich ‚Stopp!' sage ..."
- Stehen nicht genügend Folien zur Verfügung, können die Schüler auch auf Blätter zeichnen, die dann aufgehängt und im „Galeriegang" besichtigt werden.

© Verlag an der Ruhr
Abb.: Dorothee Wolters
© Verlag an der Ruhr
© Verlag an der Ruhr

Rede an das Volk (1/2)

Sprechen und Zuhören

Art: Kommunikationsspiel

Kompetenz: freies Sprechen trainieren

Material: Kopie eines Liedes, eines Gedichts o. Ä. (KV)

Schwierigkeitsstufe: mittel/schwer (Variation)

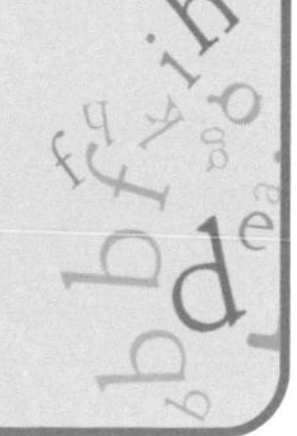

Vorbereitung

Kopieren Sie ein Lied, ein Gedicht, eine historische Rede etc., die möglichst nichts mit dem aktuellen Unterrichtsthema zu tun hat (Kopiervorlage siehe Folgeseite).

Durchführung

Losen Sie einen Schüler aus, der nach vorn ans Pult kommt. Dort bekommt er die Kopie des Textes mit der Aufgabe, diesen möglichst überzeugend vor der Klasse vorzutragen. Dazu darf er Bemerkungen, eine Einleitung, einen Abschluss o. Ä. hinzufügen, aber an dem eigentlichen Text nichts verändern. Am Ende des Vortrags geben die Zuschauer Rückmeldung, wie überzeugend der Redner gesprochen hat.

Variation

Das Publikum versucht, den Redner mit Zwischenrufen zu verunsichern oder zum Lachen zu bringen. Die Rufe dürfen sich dabei nur auf den Inhalt und den Vortrag, nicht auf den Redner persönlich beziehen. Dieser versucht, die Rede trotzdem zu Ende zu bringen. Damit es nicht zu einem zu großen Geschrei kommt, kann vereinbart werden, dass jeder Schüler nur einen Zwischenruf abgeben darf.

Die Gedanken sind frei

1.
Die Gedanken sind frei,
Wer kann sie erraten?
Sie fliegen vorbei
Wie nächtliche Schatten.
Kein Mensch kann sie wissen,
Kein Jäger sie schießen.
Es bleibet dabei:
Die Gedanken sind frei.

2.
Ich denke was ich will
Und was mich beglücket,
Doch alles in der Still
Und wie es sich schicket.
Mein Wunsch und Begehren
Kann niemand verwehren.
Es bleibet dabei:
Die Gedanken sind frei.

3.
Sperrt man mich gleich ein
Im finsteren Kerker,
So sind es doch nur
Vergebliche Werke;
Denn meine Gedanken
Zerreißen die Schranken
Und Mauern entzwei:
Die Gedanken sind frei.

4.
Jetzt will ich auf immer
Der Liebe entsagen
Und will mich nicht mehr
Mit Grillen so plagen.
Man kann ja im Herzen
Stets lachen und scherzen
Und denken dabei:
Die Gedanken sind frei.

5.
Ich liebe den Wein,
Mein Mädchen vor allen,
Die tut mir allein
Am besten gefallen.
Ich bin nicht alleine
Bei meinem Glas Weine,
Mein Mädchen dabei:
Die Gedanken sind frei.

(Quelle: Hoffmann von Fallersleben, August Heinrich/Richter, Ernst Heinrich Leopold [Hrsg.]: Schlesische Volkslieder mit Melodien: Aus dem Munde des Volkes. Breitkopf und Härtel, 1842.)

Buchstabe für Buchstabe

Sprechen und Zuhören

Art: Kommunikationsspiel

Kompetenz: Rechtschreibung und Wortschatz trainieren

Material: Wörterbuch

Schwierigkeitsstufe: schwer

Vorbereitung

–

Durchführung

Alle Schüler stehen an ihrem Platz auf. Der Startspieler wird ausgelost. Schlagen Sie das Wörterbuch an einer beliebigen Stelle auf und nennen Sie ein Wort von der Seite. Der Schüler buchstabiert nun dieses Wort. Schafft er das, darf er sich setzen und den nächsten Spieler aufrufen. Macht er einen Fehler, muss er stehen bleiben und sein rechter Nachbar ist an der Reihe.

Variation

Der Schüler, der aufgerufen wurde, dreht sich von der Tafel weg. Schreiben Sie das Wort an. So können die Schüler mit kontrollieren, ob richtig buchstabiert wird.

Tipp

Sie können das Wort natürlich auch komplett zufällig aussuchen (ein Schüler nennt eine Zahl, dann wird von oben abgezählt). Damit ist aber gerade bei jüngeren Schülern die Gefahr gegeben, dass ein für sie zu schwieriges Wort ausgesucht wird.

Gespräche führen (1/3)

Art: Kommunikationsspiel

Kompetenz: szenisches Spiel trainieren/freies Sprechen

Material: Fotos von Gesprächssituationen (KV), OHP/Whiteboard

Schwierigkeitsstufe: schwer

Vorbereitung

Kopieren Sie die Gesprächssituationen (Kopiervorlage siehe Folgeseite) auf Folie oder bereiten Sie eigene Fotos von Gesprächssituationen vor, die Sie am Overheadprojektor/Whiteboard zeigen können.

Durchführung

Zeigen Sie den Schülern eine Gesprächssituation. Ein Schüler erklärt, wie er die Situation auf dem Bild einschätzt (z. B. „Auf dem Foto streitet ein Vater mit seiner Tochter, weil sie zu spät nach Hause gekommen ist."). Losen Sie ein Paar/eine passende Anzahl aus. Die Schüler spielen die vorgegebene Situation in einer halben Minute nach. Sind sie fertig, dürfen sie die nächste Situation beschreiben.

Variationen

- Mehrere Paare spielen die Situation vor und das restliche Publikum entscheidet am Schluss per Abstimmung, wer sie am besten umgesetzt hat.
- Zwei ausgeloste „Schauspieler" suchen sich aus den Fotos eine Situation aus, die sie nach kurzer Beratung vorspielen. Erst anschließend sehen die übrigen Schüler die Fotos und raten, welches Bild gemeint war und wie die „Schauspieler" die Situation interpretiert haben (Streit zwischen Vater und Tochter etc.). Für diese Variante müssen zuvor die Bilder mit mehr als zwei Personen aussortiert werden.

© Klaus-Peter Adler – Fotolia.com

© detailblick – Fotolia.com

© mast3r – Fotolia.com

© Klaus-Peter Adler – Fotolia.com

© micromonkey – stock.adobe.com

© auremar – Fotolia.com

Partnerdiskussion (1/2)

Sprechen und Zuhören

Art: Kommunikationsspiel

Kompetenz: Diskussionen führen/aufmerksam zuhören

Material: Kärtchen mit Themen und Anfangssätzen (KV)

Schwierigkeitsstufe: schwer

Vorbereitung

Bereiten Sie Karteikärtchen vor, auf denen Sie jeweils Thema und Beginn einer Diskussion notieren, oder verwenden Sie die fertigen Beispielkarten (Kopiervorlage siehe Folgeseite). Am sinnvollsten und am einfachsten für die Schüler ist es, wenn sich die Themen auf das aktuelle Unterrichtsgeschehen beziehen.

Durchführung

Losen Sie zwei Schüler aus, die nach vorn ans Pult treten. Diese führen mithilfe der Kärtchen eine Diskussion. Dabei gilt:

- Der erste Schüler beendet den Satz, der auf der Karte steht. Darin drückt er seine Meinung zu dem Thema aus.
- Sein Partner nimmt die Gegenposition ein und hat 15 Sekunden Zeit, seine Argumente zu formulieren. Ist die Zeit abgelaufen, darf er nur noch den angefangenen Satz beenden.
- Danach wechselt das „Rederecht" wieder und der erste Schüler darf in 15 Sekunden seinen Standpunkt mit Argumenten und Beispielen stützen usw.
- Ein Schüler überwacht dabei mit einer Uhr, dass die Diskussionsteilnehmer die Zeit nicht überschreiten. Er gibt ein Zeichen, wenn die 15 Sekunden abgelaufen sind (z. B. durch Handheben).
- Nach spätestens drei Minuten geben Sie das Zeichen, dass jeder Sprecher noch einmal etwas beitragen darf. Danach stimmen die Zuhörer ab, wer sich am besten bei der Diskussion geschlagen hat.

Variationen

- Die Schüler dürfen nur jeweils drei Sätze sagen anstelle der Zeitvorgabe.
- Alle Schüler führen die Aufgabe in Partnerarbeit durch.

Themen	Anfangsätze
Rechtschreibung und Zeichensetzung sollten in allen Fächern bei der Note berücksichtigt werden.	Ausbildungsbetriebe und Universitäten beklagen sich immer häufiger darüber, dass viele Schulabgänger die deutsche Sprache nicht beherrschen. Bildungspolitiker fordern deshalb, dass Deutsch in allen Schulfächern stärker in die Notengebung einfließen müsse. Ich meine dazu, ...
Im Deutschunterricht werden zu viele Klassiker gelesen.	Was früher Goethe und Schiller waren, sind heutzutage J. K. Rowling und Fred Vargas. Im Deutschunterricht werden jedoch immer noch vor allem die Klassiker gelesen. Ich denke, ...
Der Deutschunterricht bereitet nicht auf das Leben nach der Schule vor.	Im Deutschunterricht nimmt die Analyse von literarischen Texten, wie Gedichten und Erzählungen, viel Raum ein. Im „wirklichen" Leben braucht man diese Texte jedoch nicht. Meine Meinung dazu ist, ...
Im Deutschunterricht wird zu wenig über moderne Textformen gesprochen.	Neben den klassischen Medien (Zeitung, Fernsehen, Radio) nehmen neuere Formen, wie Blogs, Chats und Games, heute einen großen Stellenwert ein. Es wird darum immer wieder gefordert, dass moderne Textarten auch im Unterricht gleichrangig behandelt werden. Dazu möchte ich Folgendes sagen: ...
Ein Deutschtest sollte verbindlich gemacht werden, bevor Schüler in eine deutsche Schule aufgenommen werden.	Viele Kinder und Jugendliche kommen als Flüchtlinge nach Deutschland, ohne die Landessprache zu sprechen. Damit sie hier auf eine Schule gehen können, sollten sie zunächst Deutschkurse besuchen, bis sie dem Unterricht ihrer Altersstufe richtig folgen können, erklärten die Teilnehmer einer Fernsehtalkshow. Ich finde, ...

Übergaberede

Sprechen und Zuhören

Art: Kommunikationsspiel

Kompetenz: freies Sprechen trainieren

Material: –

Schwierigkeitsstufe: schwer

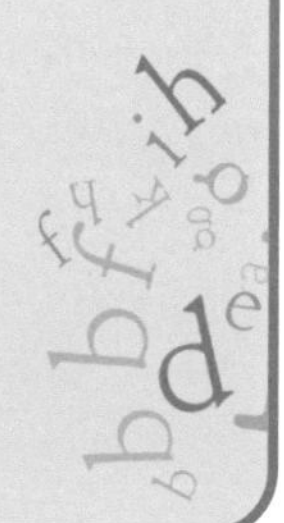

Vorbereitung

Überlegen Sie sich ein Thema aus dem aktuellen Unterricht, zu dem die Schüler eine Rede halten können, z. B. „Erläutere den Charakter der Figur XY in der gerade gelesenen Lektüre" oder „Erkläre dem Publikum, warum das aktuelle Thema des Deutschunterrichts so wichtig ist".

Durchführung

Losen Sie zwei Schüler aus, die nach vorn kommen. Erklären Sie ihnen, dass sie nun zu einem Unterrichtsthema eine Stegreifrede halten sollen und zwar unter folgenden Maßgaben:

- Der erste Redner begrüßt das Publikum und stellt das Thema vor. Dann beginnt er, zum Thema zu sprechen.
- Nach drei bis fünf Sätzen gibt er das Rederecht an seinen Kollegen weiter, indem er einen Satz unvollendet lässt und seinen Partner dabei anschaut.
- Der zweite Redner muss den Satz beenden und die Rede ebenso weiterführen.
- Nach 6-maligem Wechsel beendet der zweite Redner die Rede.
- Ein zweites Paar wird ausgelost und spricht zu demselben oder einem neuen Thema.
- Am Schluss stimmen die Schüler ab, welches Paar das beste war.

Tipp

Je „exotischer" das Thema, desto lustiger werden die Reden der Schüler.

Schreiben

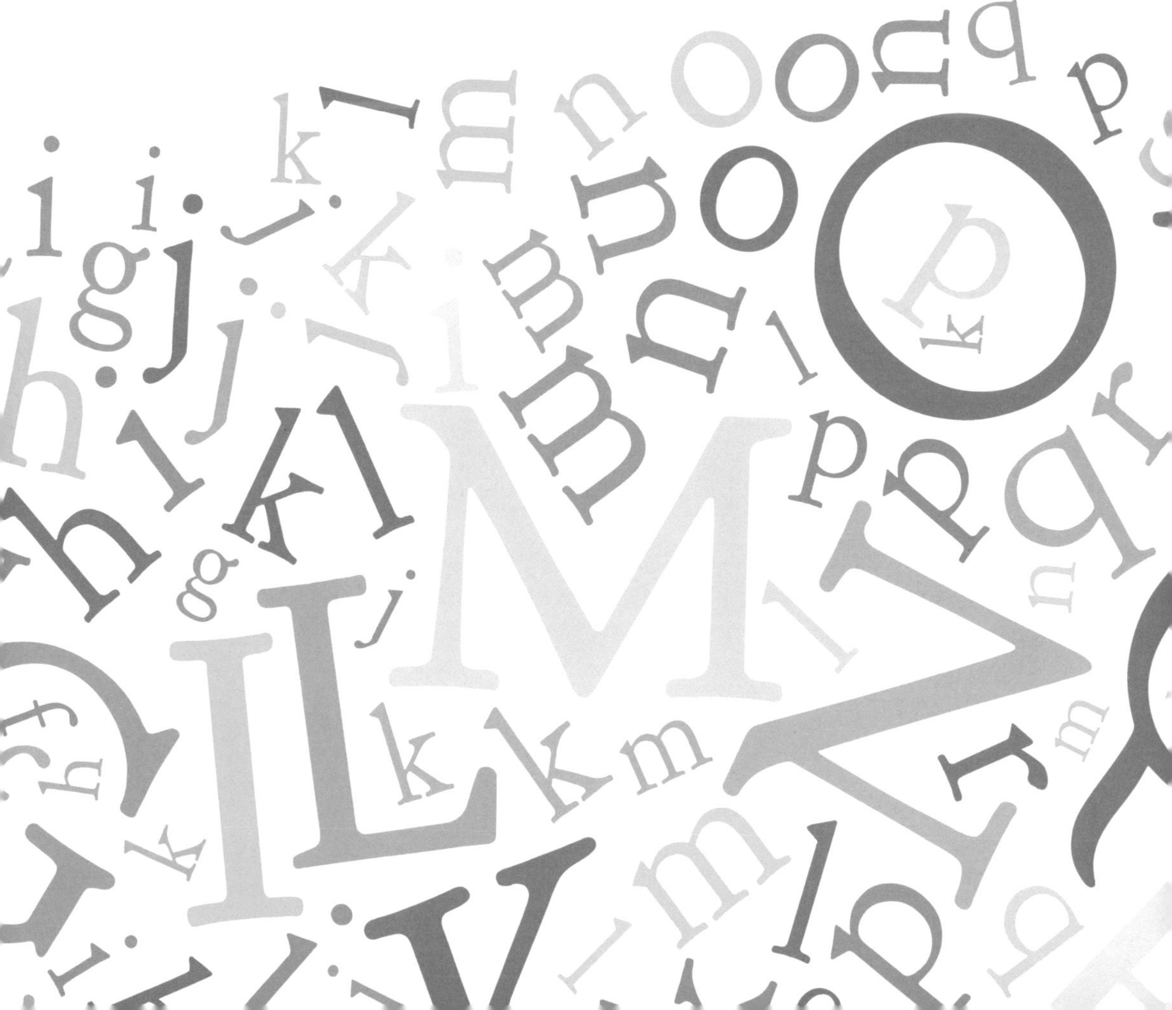

Wortfelder-Contest

Art: Schreibspiel

Kompetenz: Wortschatz erweitern

Material: Tafel und Kreide, Plakat und Filzschreiber

Schwierigkeitsstufe: leicht

Vorbereitung

Teilen Sie die Klasse in zwei Gruppen ein. Ein Team geht an die Tafel, das zweite setzt sich um ein großes Plakat. Schreiben Sie einen Begriff, z. B. „gehen", als Überschrift groß in die Mitte von Tafel und Plakat.

Durchführung

Geben Sie das Startsignal. In den nächsten drei Minuten schreiben die Schüler Alternativen zum Verb „gehen" um das Wort herum. Nach Ablauf der Zeit legen sie die Stifte weg. Die Wörter an der Tafel werden auf inhaltliche Richtigkeit und Rechtschreibung geprüft. Für jedes korrekte Wort gibt es einen Punkt. Im Anschluss wird das Plakat der zweiten Gruppe ausgewertet. Die Gruppe mit den meisten Punkten gewinnt.

Variationen

- Die Schüler können Sonderpunkte sammeln, indem sie mit jedem Wort einen passenden Satz bilden.
- Je nach Lerngruppe bietet es sich an, das Spiel in kleineren Gruppen zu spielen. Dadurch verlängert sich jedoch die Spielzeit, da mehr Plakate ausgewertet werden müssen.

Tipp

Am sinnvollsten sind Begriffe (meist Verben), zu denen den Schülern beim Schreiben oft Alternativen fehlen, z. B. „sagen", „sehen", „machen" etc. Die Plakate können als Anregungen für Aufsätze in der Klasse aufgehängt werden.

Der schönste erste Satz

Art: Schreibspiel

Kompetenz: freies Schreiben trainieren

Material: Zettel und Stifte, ggf. Tafel und Kreide

Schwierigkeitsstufe: leicht

Vorbereitung

–

Durchführung

Erzählen Sie den Schülern von dem Wettbewerb, der vor einigen Jahren von der Initiative Deutsche Sprache und der Stiftung Lesen durchgeführt wurde: Gesucht wurde der schönste erste Satz eines Romans. Jeder konnte einen Vorschlag einschicken und es wurde im Internet darüber abgestimmt. Veranstalten Sie nun selbst einen solchen Wettbewerb mit Ihrer Klasse: In den nächsten drei Minuten schreiben die Schüler einen ersten Satz für einen Krimi/einen Liebesroman/eine Abenteuergeschichte/eine Biografie etc. auf einen Zettel. Anschließend sammeln Sie die Ergebnisse ein und lesen sie vor oder notieren sie an der Tafel. Die Schüler stimmen dann über den besten Satz und damit den Sieger ab.

Variation

Die Schüler können einen ersten Abschnitt/einen letzten Satz etc. schreiben.

Ein neuer Titel (1/2)

Schreiben

Art: Schreibspiel

Kompetenz: Texte kreativ ergänzen

Material: kurzer Text auf Folie (KV), OHP/Whiteboard, Tafel und Kreide

Schwierigkeitsstufe: leicht

Vorbereitung

Ziehen Sie einen kurzen Text (Gedicht, Zeitungsartikel etc.) auf Folie oder bereiten ihn zur Präsentation am Whiteboard vor (Kopiervorlage siehe Folgeseite).

Durchführung

Die Schüler finden sich in Paaren zusammen. Zeigen Sie der Klasse den Text auf dem Overheadprojektor/Whiteboard, wobei Sie die Überschrift abdecken. Die Teams haben nun zwei Minuten Zeit, um eine passende Überschrift zu finden und diese auf einen Zettel zu schreiben. Alle Blätter werden eingesammelt. Schreiben Sie den Originaltitel ebenfalls auf einen Zettel und mischen Sie ihn unter die Schülerüberschriften. Anschließend lesen Sie alle Titel vor. Dabei geht ein Schüler an die Tafel und schreibt die Überschriften an. Anschließend wird abgestimmt, welches wohl der Originaltitel ist. Der Schüler an der Tafel notiert hinter jeder Überschrift, wie viele Stimmen sie bekommen hat.
Die Auswertung läuft folgendermaßen ab:

- Hauptsieger ist das Paar, dessen Überschrift am häufigsten gewählt wurde. Die Schüler des Teams werden zu „Titelkönigen" ernannt.
- Anschließend nennen Sie den Originaltitel. Wer ihn gewählt hat, steht auf und wird zusätzlich als „Titelprofi" gekürt.

Tipp

Das Spiel eignet sich gut, um Merkmale von Überschriften zu thematisieren.

Gotthold Ephraim Lessing

Lob der Faulheit (Titel abdecken)

Faulheit, jetzo will ich dir
Auch ein kleines Loblied bringen. –
O – – wie – – sau – – er – – wird es mir, – –
Dich – – nach Würden – – zu besingen!
Doch, ich will mein Bestes tun,
Nach der Arbeit ist gut ruhn.

Höchstes Gut! wer dich nur hat,
Dessen ungestörtes Leben – –
Ach! – – ich – – gähn' – – ich – – werde matt – –
Daß ich dich nicht singen kann;
Du verhinderst mich ja dran.

(Quelle: Lessing, Gotthold Ephraim: Sämtliche Schriften. Erster Band: Sinngedichte, Epigrammata, Lieder, Oden, Fabeln. Göschen, 1886.)

Heinrich von Kleist

Stadt-Gerücht (Titel abdecken)

Die berüchtigte Louise, von der Mordbrenner-Bande, soll vorgestern unerkannt auf dem Posthause gewesen sein, und daselbst nach Briefen gefragt haben. Es ist nicht unmöglich, daß dieselbe sich noch in diesem Augenblick in der Stadt befindet.

(Quelle: von Kleist, Heinrich: Vollständige Ausgabe der Berliner Abendblätter. Klinkhardt und Biermann, 1925.)

Reizwort-Lotto

Schreiben

Art: Schreibspiel

Kompetenz: Texte nach Vorgaben schreiben

Material: Zettel und Stifte, Tafel und Kreide

Schwierigkeitsstufe: leicht

Vorbereitung

–

Durchführung

Wählen Sie eine Textsorte (z. B. Kurzgeschichte zum Thema „Großstadt", Gebrauchsanweisung zum Aufbau eines Regals, Bürgerliches Trauerspiel, Backrezept usw.) und schreiben Sie sie an die Tafel. Nun starten Sie eine Blitzlichtrunde: Jeder Schüler schreibt ein Wort auf, das ihm spontan zu dieser Textsorte einfällt. Sammeln Sie die Zettel ein.

Im Anschluss verfassen die Schüler einen Text der vorgegebenen Sorte: Dazu ziehen Sie einen Zettel und lesen das Wort vor. Dieses muss nun in dem ersten Satz vorkommen, den die Schüler notieren. Dann lesen Sie das zweite Wort vor und die Spieler schreiben den zweiten Satz auf usw. Am Ende tauschen die Schüler ihre Texte aus und kontrollieren, ob alle Wörter vorkommen. Anschließend können einige besonders gelungene Beispiele vorgelesen werden.

Variation

Die Schüler können Begriffe aufschreiben, die ihnen zu einem bestimmten Schriftsteller einfallen. Anschließend wird ein Text über den entsprechenden Autor verfasst.

Tipp

Geben Sie vor, wie viele Sätze die Schüler schreiben sollen, damit sie zu einem guten Ende kommen (je nach Textart, z. B. für ein Rezept acht, für ein Trauerspiel 20 Sätze).

Gefühle beschreiben (1/2)

Art: Schreibspiel

Kompetenz: präzise Formulierungen und Wortschatz trainieren

Material: Tafel und Kreide

Schwierigkeitsstufe: leicht

Vorbereitung

Suchen Sie Gefühle aus, die Ihre Schüler beschreiben sollen (Beispiel siehe Folgeseite).

Durchführung

Schreiben Sie einen Satz über ein Gefühl an die Tafel. Die Formulierung sollte möglichst neutral sein, um den Schülern genügend Möglichkeiten zur Umschreibung zu geben (z. B. „Ich bin wütend.").
Die Schüler haben nun die Aufgabe, in den nächsten drei Minuten möglichst viele Sätze zu finden, die das gleiche Gefühl anders ausdrücken (z. B. „Ich ärgere mich wahnsinnig.", „Ich flippe gleich aus." usw.).
Ist die Zeit um, liest der Schüler mit den meisten Sätzen seine Vorschläge vor. Sind alle Sätze passend, hat er das Spiel gewonnen.

Variation

Die Schüler können eine kurze Geschichte schreiben, in der erklärt wird, wie das jeweilige Gefühl bei ihnen zustande kommt. Einige Beispiele werden dann vorgelesen.

Gefühle beschreiben (2/2)

Schreiben

Ich bin/Ich fühle mich ...

- wütend
- glücklich
- traurig
- fröhlich
- verwirrt
- nachdenklich
- ängstlich
- bescheiden
- aufgeregt
- beschämt
- hasserfüllt
- euphorisch
- müde
- unwissend
- bescheiden
- stolz
- dumm
- ...

Worttausch

Art: Schreibspiel

Kompetenz: Wortschatz trainieren

Material: Zettel und Stifte

Schwierigkeitsstufe: leicht/mittel (Variation)

Vorbereitung

–

Durchführung

Jeder Schüler schreibt auf einen Zettel einen beliebigen Satz (z. B. „Ich fuhr gestern mit meinem neuen Fahrrad nach Hause."). Dann unterstreicht er ein Wort (z. B. „neuen"). Geben Sie ein Startsignal: Nun gibt jeder Schüler seinen Zettel im Uhrzeigersinn weiter. Der Nachbar versucht, das unterstrichene Wort zu ersetzen, ohne den Sinn des Satzes zu ändern (z. B. „brandneuen", „gerade gekauften" usw.). Gelingt das, notiert er (oder sein Nachbar) einen Punkt. Nach jeweils zehn Sekunden geben Sie ein Signal und die Zettel werden erneut weitergegeben. Das geht so lange, bis das Blatt wieder bei seinem Urheber angekommen ist. Gewonnen hat der Spieler mit den meisten Punkten.

Variationen

Bei jüngeren Schülern oder schwachen Lerngruppen bietet es sich an, auch Ersetzungen zuzulassen, die den Sinn des Satzes verändern. Dabei entstehen oft lustige Sätze, die anschließend vorgelesen werden können.

Tipps

- Erklären Sie den Schülern vorher, dass sich im Grunde nur Nomen, Verben und Adjektive zum Ersetzen eignen. Andere Wortarten lassen sich oft nur schwer oder gar nicht synonym austauschen. Darf der Sinn des Satzes verändert werden, können andere Wortarten (z. B. Konjunktionen, Präpositionen etc.) zugelassen werden.
- Die Schüler können in ihrem Satz Wörter umschreiben lassen, die ihnen in Aufsätzen häufig fehlen. Den Zettel können sie dann als Wortspeicher abheften.

Themen-Alphabet

Schreiben

Art: Schreibspiel

Kompetenz: Wortschatzarbeit/Inhalte eines Themas wiederholen

Material: Plakate und Filzschreiber

Schwierigkeitsstufe: mittel

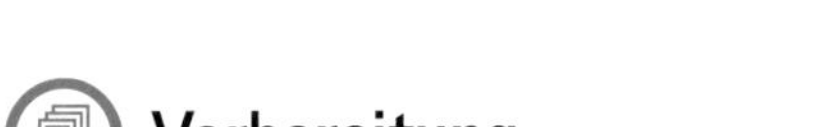

Vorbereitung

Teilen Sie die Klasse in Kleingruppen ein. Schreiben Sie auf die Plakate (für jede Gruppe eins) das Alphabet, mit den Buchstaben jeweils untereinander.

Durchführung

Geben Sie den Schülern ein Thema, z. B. den Stoff der aktuellen Unterrichtsreihe. Die Gruppen schreiben nun in vier Minuten hinter jeden Buchstaben ein Wort, das mit dem Thema in Verbindung steht und mit dem entsprechenden Buchstaben beginnt (z. B. zum Thema „Drama": Akt, Brecht, Choreografie, Darsteller usw.). Ist die Zeit abgelaufen, werden die Begriffe gemeinsam kontrolliert. Für jedes richtige Wort bekommt die Gruppe einen Punkt. Die Gruppe mit den meisten Punkten gewinnt.

Variation

Stehen keine Plakate zur Verfügung, kann das Alphabet auch in Partnerarbeit auf einem Blatt ausgefüllt werden. Zur Kontrolle wird dann mit einem anderen Paar getauscht.

Gemeinschafts-Bildergeschichte (1/2)

Art: Schreibspiel

Kompetenz: eine Geschichte weiterschreiben

Material: auf Folie kopierte Bildergeschichte (KV), OHP/Whiteboard

Schwierigkeitsstufe: mittel

Vorbereitung

Ziehen Sie die Bildergeschichte (Kopiervorlage siehe Folgeseite) auf Folie oder suchen Sie einen eigenen Cartoon, den Sie am Overheadprojektor/Whiteboard zeigen können.

Durchführung

Präsentieren Sie die Bildergeschichte am Overheadprojektor/Whiteboard, wobei Sie das letzte Bild abdecken. Die Schüler finden sich in Paaren zusammen und versuchen, das fehlende Bild zu ersetzen, indem sie die Geschichte zu Ende schreiben. Dazu formulieren sie immer abwechselnd einen Satz, wobei nicht gesprochen werden darf. Nach vier Minuten müssen die Geschichten beendet sein und werden vorgelesen. Anschließend decken Sie das letzte Bild auf. Gewonnen hat das Paar, dessen Geschichte dem originalen Ende am nächsten kommt.

Variation

Schwieriger wird die Aufgabe, wenn eine Höchstzahl an Sätzen vorgegeben wird (z. B. sechs oder acht).

Goethe – alle Achtung!, *Berliner Illustrirte* 28/1936

Reime-Lotto

Art: Schreibspiel

Kompetenz: Texte nach Vorgabe schreiben

Material: Zettel und Stifte

Schwierigkeitsstufe: mittel

Vorbereitung

–

Durchführung

Jeder Schüler schreibt ein Reimpaar auf einen Zettel (z. B. Sonne – Wonne, Pest – Rest, laufen – kaufen usw.). Sammeln Sie die Zettel ein und losen Sie vier Reimpaare aus, die Sie an die Tafel schreiben. Die Schüler schreiben nun innerhalb von drei Minuten ein Gedicht, in welchem diese Reime vorkommen.
Anschließend werden die Gedichte vorgetragen und die Schüler stimmen darüber ab, wer die Aufgabe am besten gelöst hat.

Tipp

Je nach Lerngruppe können Sie mehr oder weniger Reimpaare auswählen oder weitere Vorgaben machen (Anzahl der Strophen, Mindestverszahl, Reimschema usw.).

Fremdwörter-Spiel (1/2)

Art: Kommunikationsspiel/Schreibspiel

Kompetenz: Erklärungen formulieren

Material: Fremdwörterbuch, Zettel und Stifte

Schwierigkeitsstufe: schwer

Vorbereitung

Schreiben Sie ein unbekanntes Fremdwort, das Sie zuvor ausgewählt oder zufällig im Wörterbuch aufgeschlagen haben, an die Tafel. Schreiben Sie die Definition auf einen Zettel (Beispiel siehe Folgeseite).

Durchführung

Die Schüler finden sich in Paaren zusammen. Jedes Team schreibt innerhalb von zwei Minuten eine Definition des angeschriebenen Fremdwortes auf einen Zettel. Es muss nicht die richtige sein, sie soll nur möglichst überzeugend klingen. Alle Blätter werden eingesammelt. Mischen Sie den Zettel mit der Originaldefinition unter die der Schüler und lesen Sie alle Erklärungen vor. Dabei geht ein Schüler an die Tafel und schreibt zur Erinnerung kurze Stichworte an. Anschließend wird abgestimmt, welches wohl die richtige Definition ist. Der Schüler an der Tafel notiert hinter jedem Stichwort, wie viele Stimmen es bekommen hat.
Die Auswertung erfolgt folgendermaßen:

- Hauptsieger ist das Paar, dessen Erklärung am häufigsten gewählt wurde. Die Schüler des Teams werden zu „Fremdwörterkönigen" ernannt.
- Anschließend nennen Sie die Originaldefinition. Wer sie gewählt hat, steht auf und wird zusätzlich als „Fremdwörterprofi" gekürt.

Tipps

- Je nach Lerngruppe bietet es sich an, die originale Definition etwas zu kürzen und sprachlich zu vereinfachen, damit sie sich nicht zu sehr von den Schülerformulierungen abhebt.
- Je exotische und absurder das ausgewählte Wort klingt bzw. die Definition lautet, umso witziger wird das Spiel.

Kapotte
Eine Kapotte ist ein kleiner Damenhut, der mit einem Band unter dem Kinn festgebunden wird und hoch auf dem Kopf sitzt. Besonders gefragt war er um 1900 herum.

Quebracho
Quebracho ist ein spanischer Ausdruck und bezeichnet das besonders harte Holz, das südamerikanische Baumarten aufweisen.

Alfanzerei
Das Wort ist ein alter deutscher Ausdruck für Verrücktheiten, kann aber auch negativ gemeint sein und dann Schwindelei bedeuten.

Pasquill
Ein Pasquill, das Wort stammt aus dem Italienischen, ist eine anonyme Spottschrift, bzw. eine anonym verbreitete schriftliche Beleidigung, heutzutage z. B. in sozialen Netzwerken.

Isohypse
Die Isohypse ist eine gedachte Linie, die Orte mit gleicher Höhe über dem Meeresspiegel verbindet, z. B. auf Landkarten.

Superädifikat
Mit dem Wort wird ein Bauwerk bezeichnet, das der Bauherr auf fremdem Boden errichtet hat und das dem Grundbesitzer nicht gehört.

Reizwort-Geschichte

Schreiben

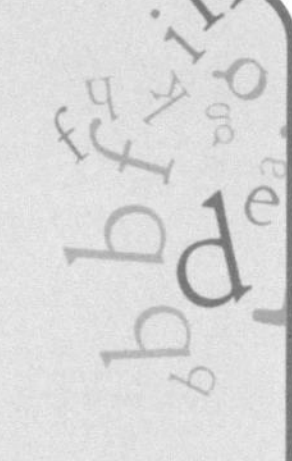

Art: Schreibspiel

Kompetenz: Texte nach vorgegebenen Kriterien schreiben

Material: Tafel und Kreide, Zettel und Stifte

Schwierigkeitsstufe: schwer

Vorbereitung

–

Durchführung

Geben Sie ein Thema vor (z. B. Sommertag, Wald, Klassenfahrt etc.). Jeder Schüler schreibt das erste Wort, das er mit dem Thema assoziiert, auf ein kleines Blatt. Sammeln Sie die Zettel ein. Losen Sie sechs Begriffe aus und schreiben Sie an die Tafel. Geben Sie nun ein Genre vor (z. B. Fabel, Kurzgeschichte, Witz, Drama etc.). Die Schüler verfassen in den nächsten vier Minuten einen kurzen Text zu diesem Genre, in dem die ausgelosten Wörter vorkommen. Nachdem die Zeit abgelaufen ist, tauschen die Schüler ihre Texte mit dem Nachbarn und kontrollieren, ob alle Wörter verwendet wurden.

Variationen

- Es können einige Texte, in denen alle Wörter vorkommen, am Schluss vorgelesen werden. Das ist lustiger, als die Schüler allein kontrollieren zu lassen. Dann werden allerdings nicht alle Texte kontrolliert werden können.
- Die Schüler bekommen Vorgaben zu den Wörtern, die sie aufschreiben sollen (z. B. müssen die ersten vier ein Nomen nennen, die nächsten fünf ein Verb usw. oder noch konkreter: die ersten drei nennen eine Person, die nächsten zwei einen Ort usw.). Die Auslosung der Wörter erfolgt dann in den jeweiligen Kategorien, sodass jede vorkommt.
- Für jüngere Schüler oder schwache Lerngruppen können Sie das Spiel auch ohne Genrevorgabe spielen.

Lesen – Umgang mit Texten und Medien

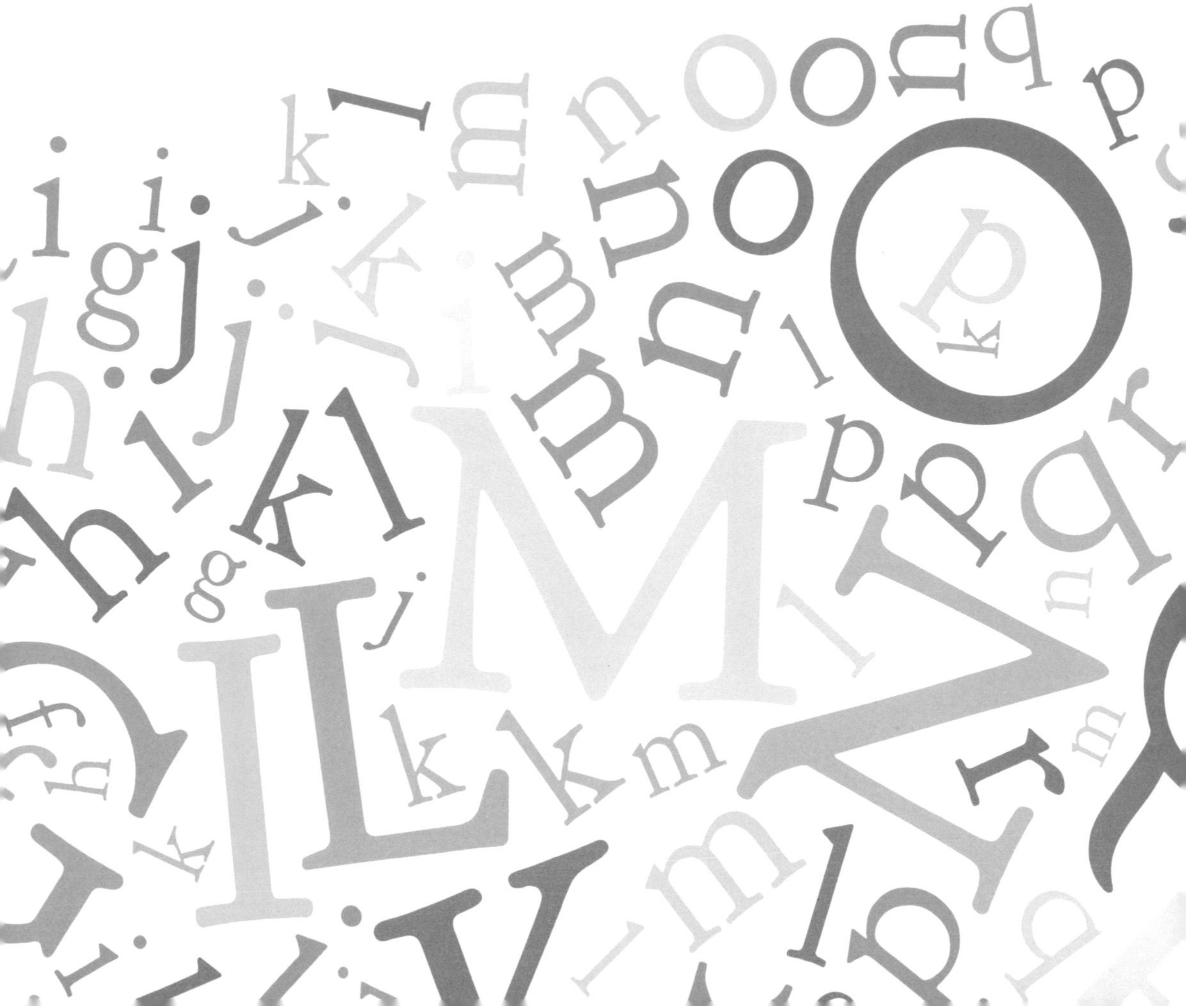

Wahr oder falsch?

Lesen – Umgang mit Texten und Medien

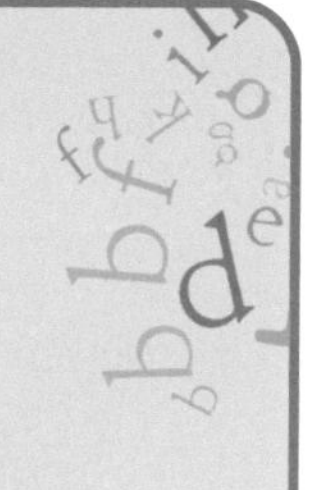

Art: Wissensspiel

Kompetenz: Lektürekenntnisse vertiefen

Material: Zettel und Stifte

Schwierigkeitsstufe: leicht

Vorbereitung

–

Durchführung

Die Klasse wird in Kleingruppen aufgeteilt. Jeder Schüler schreibt einen Aussagesatz zur aktuellen Lektüre auf, der wahr oder falsch sein kann. Eine Gruppe beginnt: Der erste Mitspieler liest seine Aussage vor. Die übrigen Teams haben nun 15 Sekunden Zeit, um sich auf wahr oder falsch zu einigen. Anschließend werden ihre Entscheidungen abgefragt. Liegt eine Gruppe richtig, bekommt sie einen Punkt. Der Reihe nach liest nun ein Schüler einer anderen Gruppe seinen Satz vor usw. Gewonnen hat die Gruppe, die am Schluss die meisten Punkte hat.

Tipp

Wenn sich herausstellt, dass der Aussagesatz falsch ist, obwohl er als richtig angegeben wurde (oder umgekehrt), kann der Gruppe ein Punkt abgezogen werden.

Ein besonderes Wort (1/2)

Art: Kommunikationsspiel

Kompetenz: gezieltes und genaues Lesen trainieren

Material: Text oder Textauszug (KV), Lehrwerke oder OHP/Whiteboard

Schwierigkeitsstufe: leicht

Vorbereitung

Wählen Sie einen beliebigen Text oder Textauszug aus und markieren Sie jeweils das längste/kürzeste Wort, das Wort mit den meisten Vokalen oder Konsonanten, den längsten Satz, bestimmte inhaltliche Informationen etc. (Kopiervorlage siehe Folgeseite). Falls Sie keinen Text aus dem Lehrwerk verwenden, ziehen Sie Ihren Text auf Folie oder bereiten ihn für das Whiteboard vor.

Durchführung

Die Schüler schlagen den Text im Lehrwerk auf oder Sie zeigen ihn (ohne die Markierungen) über Overheadprojektor/Whiteboard. Fragen Sie nun nach den markierten Textausschnitten (z. B. „Welches ist das längste Wort?" usw.).
Wer als Erster die Lösung gefunden hat, ruft „Stopp!" und nennt das Wort oder den Satz. Liegt er richtig, bekommt er einen Punkt und die nächste Frage wird gestellt. Liegt der Spieler falsch, muss er eine Runde aussetzen. Gewonnen hat der Schüler mit den meisten Punkten.

Variation

Die Schüler schreiben ihre Lösungen auf einen Zettel und am Schluss werden die Lösungen gemeinsam verglichen.

Ein besonderes Wort (2/2)

Lesen – Umgang mit Texten und Medien

Heinrich von Kleist

Michael Kohlhaas

An den Ufern der Havel lebte um die Mitte des sechzehnten Jahrhunderts ein Roßhändler Namens Michael Kohlhaas, Sohn eines Schulmeisters, einer der rechtschaffensten zugleich und entsetzlichsten Menschen seiner Zeit. – Dieser außerordentliche Mann würde bis sein dreißigstes Jahr für das Muster eines guten Staatsbürgers haben gelten können. Er besaß in einem Dorfe, das noch von ihm den Namen führt, einen Meierhof, auf welchem er sich durch sein Gewerbe ruhig ernährte; die Kinder, die ihm sein Weib schenkte, erzog er in der Furcht Gottes zu Arbeitsamkeit und Treue; nicht einer war unter seinen Nachbarn, der sich nicht seiner Wohlthätigkeit oder seiner Gerechtigkeit erfreut hätte; kurz, die Welt würde sein Andenken haben segnen müssen, wenn er einer Tugend nicht ausgeschweift hätte. Das Rechtgefühl aber machte ihn zum Räuber und Mörder.

(Quelle: von Kleist, Heinrich: Sämtliche Werke in zwei Bänden. Hrsg. von Eduard Grisebach. Reclam, 1884.)

Mögliche Suchaufgaben:

- **längstes Wort:** rechtschaffensten
- **kürzestes Wort:** an, um, in, er
- **Nomen mit den meisten Vokalen:** Arbeitsamkeit, Wohlthätigkeit, Gerechtigkeit
- **Wörter, die heute anders geschrieben werden:** Wohlthätigkeit, Roßhändler
- **Längster Satz:** Er besaß ...
- **Welcher Fluss wird genannt:** Havel
- **Welche Tugend wird dem Helden zum Verhängnis:** Rechtgefühl
- **Adjektive im Superlativ:** rechtschaffensten, entsetzlichsten
- **Verben im Präsens:** führt
- **Beruf des Helden:** Rosshändler

Wer bin ich?

Art: Wissensspiel/Kommunikationsspiel

Kompetenz: Lektürekenntnisse vertiefen

Material: –

Schwierigkeitsstufe: leicht

Vorbereitung

–

Durchführung

Losen Sie einen Schüler aus. Er sucht sich eine Figur aus der aktuellen Klassenlektüre aus. Er sagt Ihnen leise, welche Figur er ausgewählt hat, und setzt sich zu Ihnen ans Pult.

Die anderen Schüler versuchen, herauszufinden, welche Figur vor ihnen sitzt.

Der Startspieler wird ausgelost. Er stellt Fragen, auf die der Schüler am Pult mit „Ja" oder „Nein" antworten kann. Sobald eine Frage mit „Nein" beantwortet wurde, darf der nächste weiterfragen. Glaubt ein Spieler, zu wissen, wer die Figur ist, meldet er sich und nennt seine Lösung. Ist diese richtig, hat er das Spiel gewonnen. Ist sie falsch, darf der nächste Frager weitermachen.

Variation

Die Figuren können natürlich auch aus Filmen stammen, die Sie im Unterricht behandelt haben.

Gedichte ergänzen (1/2)

Lesen – Umgang mit Texten und Medien

Art: Schreibspiel

Kompetenz: Texte kreativ ergänzen

Material: Gedichttext mit und ohne Lücken (KV), Zettel und Stifte, OHP/Whiteboard

Schwierigkeitsstufe: mittel

Vorbereitung

Erstellen Sie einen Gedichttext mit Lücken, den Sie den Schülern über Whiteboard/ Overheadprojektor zeigen können. Bereiten Sie den vollständigen Text zur Kontrolle ebenfalls vor (Kopiervorlage siehe Folgeseite).

Durchführung

Die Schüler haben zwei Minuten Zeit, um die fehlenden Wörter des Gedichts zu ergänzen und auf einen Zettel zu schreiben. Danach tauschen sie ihr Blatt mit dem Nachbarn. Zeigen Sie nun das vollständige Gedicht. Die Schüler vergleichen ihre Vorschläge mit der Vorlage und geben für jedes richtig erratene Wort einen Punkt. Wer die meisten Punkte hat, gewinnt.

Variation

Die Schüler arbeiten in Kleingruppen. Sie tragen ihre Gedichte vor und am Schluss wird abgestimmt, welche Gruppe die beste Version geschrieben hat.

Tipp

Für jüngere Schüler ist es am einfachsten, wenn sie Reimwörter am Ende eines Verses ergänzen müssen.

Heinrich Heine

Seraphine 2

An dem .... Meeresstrande
Ist die .... heraufgezogen,
Und der Mond bricht aus den ....,
Und es flüstert aus den Wogen:

Jener Mensch dort, ist er ....,
Oder ist er gar verliebet,
Denn er schaut so trüb und ....,
.... und zugleich betrübet?

Doch der .... der lacht herunter,
Und mit heller Stimme .... er:
Jener ist verliebt und närrisch,
Und noch obendrein ein ....

Heinrich Heine

Seraphine 2

An dem stillen Meeresstrande
Ist die Nacht heraufgezogen,
Und der Mond bricht aus den Wolken,
Und es flüstert aus den Wogen:

Jener Mensch dort, ist er närrisch,
Oder ist er gar verliebet,
Denn er schaut so trüb und heiter,
Heiter und zugleich betrübet?

Doch der Mond der lacht herunter,
Und mit heller Stimme spricht er:
Jener ist verliebt und närrisch,
Und noch obendrein ein Dichter.

(Quelle: Heine, Heinrich: Neue Gedichte.
In: Reisebilder. Hoffmann und Campe, 1831.)

Wer redet hier?

Lesen – Umgang mit Texten und Medien

Art: Kommunikationsspiel

Kompetenz: literarische Figuren beschreiben und kennenlernen

Material: Zettel, Stift

Schwierigkeitsstufe: mittel

Vorbereitung

–

Durchführung

Die Schüler finden sich in Paaren zusammen. Jeder überlegt sich eine literarische Figur und schreibt sie heimlich auf einen Zettel. Der Startspieler stellt sich seinem Gegenüber aus Sicht der Figur vor („Ich bin ein Kaufmann aus Lübeck und Oberhaupt einer 100 Jahre alten Firma. Leider habe ich nur einen Sohn, der so gar kein Interesse am Geschäft zeigt ...", Thomas Budenbrook). Der Partner kann Fragen stellen oder direkt versuchen, die Figur zu erraten. Nach fünf Fragen oder zwei Minuten wird gewechselt.

Variation

Die Figuren dürfen nur aus einer aktuellen Lektüre stammen.

Lektüre-Quiz

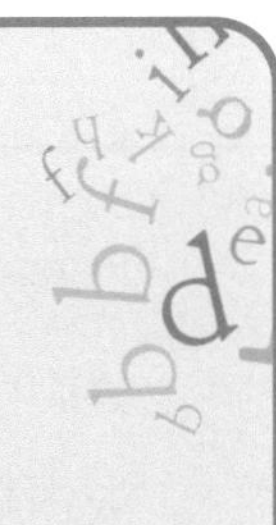

Art: Wissensspiel/Kommunikationsspiel

Kompetenz: Lektürekenntnisse vertiefen

Material: Zettel und Stifte

Schwierigkeitsstufe: mittel

Vorbereitung

–

Durchführung

Teilen Sie die Klasse in zwei Mannschaften ein. Jeder Schüler notiert auf einem Zettel einen Begriff zur aktuellen Lektüre (z. B. „Das Tagebuch der Anne Frank") und schreibt seinen Namen dazu. Sammeln Sie die Blätter ein und mischen Sie sie gut durch. Ziehen Sie einen Zettel und lesen Sie den Begriff (z. B. „Zahnarzt") vor.
Wer erklären kann, was der Begriff mit der Lektüre zu tun hat, meldet sich. Wer als Erstes aufzeigt, darf seine Lösung präsentieren („Beruf eines der Mitbewohner im Versteck"). Ist diese richtig, bekommt seine Gruppe einen Punkt. Liegt er falsch, geht der Punkt an die Gegner und der zweitschnellste Schüler darf die Frage beantworten.
Es gewinnt das Team, das am Schluss die meisten Punkte erreicht.

Lektüre-Elfchen (1/2)

Lesen – Umgang mit Texten und Medien

Art: Schreibspiel

Kompetenz: Lektürekenntnisse vertiefen/kreatives Schreiben trainieren

Material: –

Schwierigkeitsstufe: mittel

Vorbereitung

–

Durchführung

Fordern Sie Ihre Schüler auf, die aktuelle Lektüre spontan in ein Elfchen (Beispiele „Harry Potter und der Stein der Weisen", „Das Leben des Galilei" siehe Folgeseite) umzuschreiben:

- 1. Zeile: ein Gedanke, der die Hauptaussage der Lektüre ausdrückt (1 Wort)
- 2. Zeile: eine Handlung, die in der Lektüre eine Rolle spielt (2 Wörter)
- 3. Zeile: eine weitere Beschreibung der Hauptaussage (3 Wörter)
- 4. Zeile: Wie stehst du zu der Lektüre? (4 Wörter)
- 5. Zeile: abschließende Zusammenfassung (1 Wort)

Geben Sie den Schülern drei Minuten Zeit. Anschließend stellen sie ihre Ergebnisse vor. Sie können ggf. das gelungenste Gedicht wählen lassen.

Harry Potter und der Stein der Weisen

Geheimnis
Quirrells Turban
Stein der Weisen
Harry Potter ist toll
Gerettet

Das Leben des Galilei

Physiker
Kopernikanisches Weltbild
Kirche macht Stress
Ich mag Brechts Stücke
Widerruf

Figurentreffen

Lesen – Umgang mit Texten und Medien

Art: Wissensspiel/Kommunikationssiel

Kompetenz: literarische Figuren charakterisieren/erkennen

Material: Kärtchen mit Figurennamen

Schwierigkeitsstufe: mittel

Vorbereitung

Wählen Sie drei literarische Figuren aus, die im Unterricht eine Rolle spielen. Am sinnvollsten ist es, diese thematisch zu bündeln: z. B. Märchenfiguren (Froschkönig, Rotkäppchen, Rapunzel), Figuren aus Balladen (John Maynard, Erlkönig, Damon) oder Personen aus einer Lektüre (Harry Potter, Hermine, Dumbledore). Schreiben Sie jede Figur auf eine Karteikarte.

Durchführung

Losen Sie drei Schüler aus. Diese kommen nach vorn in die Klasse. Geben Sie jedem eine Karte. In den nächsten Minuten unterhalten sich die drei Figuren über ihr Leben, sodass die Zuschauer möglichst viele Informationen über sie erhalten. Glaubt ein Zuschauer, alle drei Figuren erkannt zu haben, zeigt er auf. Die Spieler unterbrechen ihr Gespräch. Sie gehen zu dem Schüler und fragen ihn leise nach der Lösung. Ist diese richtig, darf er sie laut sagen und hat das Spiel gewonnen. Ist die Antwort falsch, scheidet der Schüler aus und das Spiel geht weiter.

Variation

Nach drei Minuten schreiben die Schüler ihre Vermutungen und ihren Namen auf einen Zettel. Sie tauschen das Blatt mit ihrem Nachbarn. Die Spieler nennen den Namen ihrer Figur und die Zuschauer kontrollieren die Lösungen des Partners. Gewonnen haben diejenigen, die alle drei Figuren richtig erraten haben.

Wer spricht denn da? (1/3)

Art: Wissensspiel

Kompetenz: literarische Figuren kennenlernen

Material: Karten mit Beschreibungen von Figuren (KV)

Schwierigkeitsstufe: mittel

Vorbereitung

Erstellen Sie Karteikarten zu möglichst vielen literarischen Figuren, die in je fünf Sätzen beschrieben werden. Sie können aus einem bestimmten Bereich stammen (Kopiervorlage „Märchenfiguren" siehe Folgeseite), von einem Autor (Kopiervorlage „Theodor Fontane" siehe Folgeseite), aus einem Werk, aus einem Genre, aus Kinderbüchern etc.

Durchführung

Lesen Sie die Sätze zu einer Figur langsam vor. Glaubt ein Schüler, die Figur erkannt zu haben, ruft er laut „Stopp!" und äußert seinen Verdacht. Liegt er richtig, bekommt er einen Punkt, anderenfalls muss er für diese Runde aussetzen. Am Ende siegt, wer die meisten Figuren erkannt hat.

Variationen

- Das Spiel kann man auch mit Autoren spielen.
- Die Karteikarten können im Vorfeld von den Schülern erstellt werden.

Beispiel: Märchenfiguren

Froschkönig

Ich habe einem Mädchen einen Gefallen getan.

Mit mir wird nicht sehr freundlich umgegangen.

Ich wurde verwandelt.

Ich lebe in einem Brunnen.

Ich nahm meine wahre Gestalt an, nachdem ich an die Wand geworfen wurde.

Rapunzel

Ich hätte gern mehr Gesellschaft.

Ich lebe in einer ungewöhnlichen Umgebung.

Ich heiße wie ein Salat.

Mein Prinz kommt mit einer sehr ungewöhnlichen Methode zu mir.

Meine Haare sind etwas ganz Besonderes.

Aschenputtels Stiefschwester

Ich möchte einen Prinzen heiraten.

Ich lebe in einer Familie, in der immer etwas los ist.

Ich habe eine Stiefschwester.

Ich habe einen verstümmelten Fuß.

Meine Hochzeit scheiterte an einem zu kleinen Schuh.

Der Kaiser ohne Kleider

Ich sehe immer sehr gut aus.

Ich habe einen ganz ausgefallenen Wunsch.

Ich liebe das Besondere.

Ich habe einen Angestellten, der sein Handwerk besonders gut beherrscht.

Ich stehe plötzlich ohne Hosen da.

Die kleine Meerjungfrau

Ich bin als Statue das Wahrzeichen einer europäischen Hauptstadt.

Ich bin unglücklich verliebt in einen Prinzen.

Ich habe einen schlechten Tausch gemacht.

Ich kann nicht mehr sprechen.

Ich komme ursprünglich aus dem Meer.

Beispiel: Figuren aus Fontanes Werken

Frau von Briest

Ich bin eine eher unglückliche Frau.

Ich habe einen Mann geheiratet, der nicht zu mir passt.

Ich bin Mutter einer Tochter.

Ich habe sie mit einem meiner ehemaligen Verehrer verheiratet.

Ich will sie nach ihrer Affäre nicht mehr sehen.

Herr von Ribbeck auf Ribbeck im Havelland

Ich bin ein märkischer Grundbesitzer.

Ich mag meinen Sohn nicht besonders.

Ich mag aber Kinder.

Ich habe mein Erbe vor meinem Tod geregelt.

Ich habe eine Vorliebe für Birnen.

Schach von Wuthenow

Ich bin Offizier mit Leib und Seele.

Ich stamme aus einem stolzen Adelsgeschlecht.

Ich verehre die Schönheit, alles Hässliche stößt mich ab.

Ich bin verliebt in eine gleichaltrige Frau.

Ich habe ihre Tochter verführt und muss sie nun heiraten.

John Maynard

Ich habe eine schwierige Arbeit.

Ich liebe das Wasser.

Ich lebe in Amerika.

Ich halt's!

Ich bin ein Held in Buffalo.

Hradschek

Ich habe ein sehr schlechtes Gewissen.

Ich war glücklich verheiratet, aber meine Frau ist gestorben.

Ich habe viele Schulden.

Ich schleiche oft im Keller herum.

Durch einen Mord konnte ich meine Schulden begleichen.

Autorenraten (1/3)

Lesen – Umgang mit Texten und Medien

Art: Wissensspiel

Kompetenz: Autoren kennenlernen

Material: Autorenporträts und Whiteboard/ Autorenporträts auf Folie (KV) und OHP

Schwierigkeitsstufe: schwer

Vorbereitung

Speichern Sie Autorenporträts, z. B. aus dem Internet, auf dem Whiteboard ab. Steht kein Whiteboard zur Verfügung, können Sie die Fotos auch auf Folie ziehen und am Overheadprojektor zeigen (Kopiervorlage siehe Folgeseite).

Durchführung

Machen Sie die Bilder der Autoren am Whiteboard unkenntlich (Tabelle über die Bilder legen) und decken diese dann Kästchen für Kästchen auf. Glaubt ein Schüler, einen Autor erkannt zu haben, ruft er laut „Stopp!" und äußert seinen Verdacht. Liegt er richtig, bekommt er einen Punkt, ansonsten muss er für diese Runde aussetzen. Am Ende siegt, wer die meisten Autoren erkannt hat.

Tipp

Steht kein Whiteboard zur Verfügung, kann man die Fotos auch auf Folie ziehen und am OHP zeigen. Dazu müssen Sie zum Abdecken Puzzleteile erstellen, die Sie dann nach und nach wegnehmen können.

Friedrich von Schiller

Johann Wolfgang von Goethe

Thomas Mann

Else Lasker-Schüler

Kurt Tucholsky

Heinrich von Kleist

Bettina von Arnim

Günter Grass

Wer schreibt was? (1/2)

Art: Bewegungsspiel/Wissensspiel

Kompetenz: Autoren und ihre Werke zuordnen

Material: Karteikarten

Schwierigkeitsstufe: schwer

Vorbereitung

Überlegen Sie sich Autoren und Werke, die Ihre Schüler vermutlich kennen. Diese können entweder gemischt sein oder zu einem bestimmten Genre (Beispiel „Kinder- und Jugendliteratur" siehe Folgeseite), einer Epoche oder einem Themengebiet (Beispiel „Klassiker der deutschen Literaturgeschichte" siehe Folgeseite) gehören. Schreiben Sie jeweils den Autor und sein zugehöriges Werk auf zwei verschiedene Karteikarten.

Durchführung

Jeder Schüler bekommt eine Karteikarte mit einem Autor oder einem Werk auf dem Rücken befestigt (bei ungerader Zahl müssen Sie selbst mitspielen). Alle gehen durcheinander durch den Raum und versuchen, herauszufinden, wer oder was sie sind. Dazu darf ein Spieler jedem, dem er begegnet, eine Frage stellen (z. B. „Bin ich ein Bestseller?" „Lebe ich noch?"). Die Fragen dürfen nur mit „Ja" oder „Nein" beantwortet werden. Weiß ein Spieler schließlich, wer er ist, sucht er nach seinem Partner. Auf diese Weise finden sich nach und nach alle Paare zusammen.

Variation

Das Spiel kann auch nur mit Autoren oder nur mit Werken gespielt werden. Dafür müssen alle Karteikarten in doppelter Ausführung vorhanden sein. Die Schüler suchen dann nach ihrem „Doppelgänger".

Kinder-und Jugendliteratur

Autor	Werk
Margit Auer	Die Schule der magischen Tiere
Kirsten Boie	Die Kinder vom Mövenweg
Joachim Masannek	Die wilden Fußballkerle
Andreas Steinhöfel	Rico, Oscar und die Tieferschatten
Carola Wimmer	Ostwind
Erich Kästner	Emil und die Detektive
Anne Frank	Das Tagebuch der Anne Frank
John Green	Das Schicksal ist ein mieser Verräter
Suzanne Collins	Die Tribute von Panem
Wolfgang Herrendorf	Tschick
Jeff Kinney	Gregs Tagebuch
Louis Sacher	Löcher
Karen M. McManus	One of Us is Lying
Cornelia Funke	Tintenherz

Klassiker der Literaturgeschichte

Autor	Werk
Friedrich von Schiller	Die Räuber
E.T.A. Hoffmann	Der Sandmann
Theodor Fontane	Effi Briest
Frank Wedekind	Frühlings Erwachen
Johann Wolfgang von Goethe	Die Leiden des jungen Werther
Heinrich von Kleist	Penthesilea
Gotthold Ephraim Lessing	Minna von Barnhelm
Thomas Mann	Die Buddenbrooks
Bertolt Brecht	Das Leben des Galilei
Günter Grass	Die Blechtrommel
Gottfried von Straßburg	Tristan und Isolde
Clemens Brentano	Des Knaben Wunderhorn
Alfred Döblin	Berlin Alexanderplatz
Hermann Hesse	Unterm Rad

Reflexion über Sprache

Wortarten-Staffel

Reflexion über Sprache

Art: Bewegungsspiel/Schreibspiel

Kompetenz: Wortarten wiederholen/festigen

Material: Tafel und Kreide, Stoppuhr o. Ä.

Schwierigkeitsstufe: leicht

Vorbereitung

Teilen Sie die Klasse in drei Gruppen ein. Jedes Team erhält einen Teil der aufgeklappten Tafel. Wählen Sie eine Wortart, z. B. Verben, und schreiben Sie diese groß als Überschrift an.

Durchführung

Jede Gruppe stellt sich in einer Schlange in einigen Metern Abstand von der Tafel auf. Der jeweils erste Schüler einer Mannschaft bekommt ein Stück Kreide in die Hand. Geben Sie das Startsignal: Die ersten drei Schüler laufen nach vorn, schreiben ein Wort der vorgegebenen Wortart in ihren Tafelbereich, laufen zurück und übergeben die Kreide an den nächsten. Während dieser losläuft, stellt sich der erste Schüler wieder hinten an. Nach drei Minuten geben Sie das Schlusssignal. Dann wird gemeinsam ausgewertet: Für jedes passende und richtig geschriebene Wort gibt es einen Punkt. Das Team mit den meisten Punkten gewinnt.

Tipps

- Achten Sie darauf, dass die Schüler im Laufe des Spiels nicht immer näher an die Tafel/das Whiteboard heranrücken.
- Geben Sie vor dem Spiel den Hinweis, dass nicht lesbare und falsch geschriebene Wörter nicht zählen. So nehmen sich die Schüler etwas mehr Zeit zum Nachdenken.

Oma sitzt in der Badewanne (1/2)

Art: Schreibspiel

Kompetenz: Satzglieder ersetzen

Material: Zettel und Stifte

Schwierigkeitsstufe: leicht

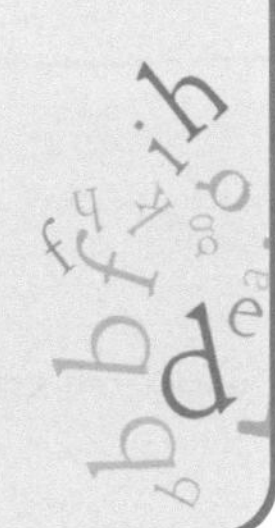

Vorbereitung

–

Durchführung

Jeder Schüler schreibt untereinander auf ein DIN-A4-Blatt im Querformat den Satz „Oma/sitzt/heute früh/in der Badewanne." Der erste Schüler schreibt nun neben „Oma" ein anderes Subjekt und knickt das Papier nun so, dass dieses Wort nicht mehr zu lesen ist, der restliche Beispielsatz aber noch zu sehen ist. Der Zettel wird nach rechts weitergegeben. Der nächste muss nun ein Verb ergänzen, es wieder wegknicken und weitergeben. Die nächsten beiden ergänzen dann Zeit und Ort (Beispiel siehe Folgeseite). Am Schluss werden die kompletten Sätze aufgefaltet und einige vorgelesen.

Variation

Sie können den Satz auch als ganzen an die Tafel schreiben. Die Schüler bestimmen dann zunächst die Satzglieder und schreiben sie eigenständig untereinander auf. Nachdem sie im Plenum kontrolliert haben, kann dann das Spiel beginnen.

Tipp

Je mehr Satzteile man vorgibt („Oma sitzt heute früh fröhlich mit einer Quietsche-ente, die gelb ist, in der Badewanne."), desto lustiger werden die Sätze.

Oma sitzt in der Badewanne (2/2)

Reflexion über Sprache

Oma sitzt heute früh in der Badewanne.	Meine Lehrerin

sitzt heute früh in der Badewanne.	schläft

heute früh in der Badewanne.	jeden Tag

in der Badewanne.	auf dem Pult.

Oma	Meine Lehrerin
sitzt	schläft
heute früh	jeden Tag
in der Badewanne.	auf dem Pult.

Gegenteiliges

Art: Kommunikationsspiel

Kompetenz: Wortschatzarbeit

Material: –

Schwierigkeitsstufe: leicht

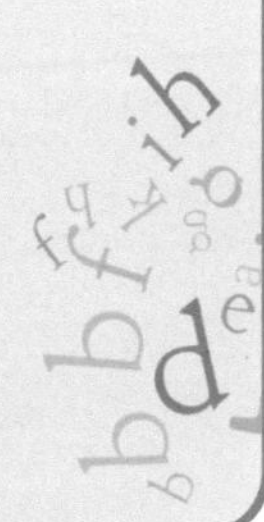

Vorbereitung

–

Durchführung

Alle Schüler stehen auf. Geben Sie einen Begriff vor, zu dem der Startspieler rasch das Gegenteil nennen muss („schnell" – „langsam", „leise" – „laut" usw.). Kann dieser auf Anhieb ein richtiges Wort nennen, denkt er sich das nächste Adjektiv aus und wendet sich damit an seinen Nachbarn. Kann ein Schüler nicht prompt antworten, muss er sich setzen und scheidet aus. Sieger ist, wer am Schluss noch steht.

Variation

Die Schüler können auch andere Wortpaare bilden, z. B. zu einem Nomen ein passendes Adjektiv finden („Hund" – „bissig"), zu einer Sportart das passende Verb („Tennis" – „aufschlagen") usw.

Tipp

Achten Sie darauf, dass die Antworten prompt erfolgen, damit das Tempo hoch bleibt. Davon lebt das Spiel.

Viele Wörter aus einem

Reflexion über Sprache

Art: Schreibspiel

Kompetenz: Wortschatz erweitern

Material: Tafel und Kreide, Zettel und Stifte

Schwierigkeitsstufe: leicht

Vorbereitung

Die Schüler legen Zettel und Stifte bereit. Schreiben Sie ein langes Wort an die Tafel (z. B. „Snowboardfahrer", „Castingshowgewinnerin", „Versicherungskaufmannauszubildender" etc.)

Durchführung

Geben Sie das Startsignal. In den folgenden zwei Minuten schreiben die Schüler nun möglichst viele Wörter auf, die sich aus den Buchstaben des vorgegebenen Wortes bilden lassen. Nach dem Schlusssignal tauschen die Schüler ihren Zettel mit dem Nachbarn und überprüfen die gefundenen Wörter. Für jedes richtige Wort gibt es einen Punkt. Der Spieler mit den meisten Punkten gewinnt.

Variation

Der Schüler, der das längste Wort gebildet hat, erhält zusätzlich fünf Punkte.

Tipp

Je länger das vorgegebene Wort ist und je mehr gängige Vokale und Konsonanten es enthält, desto einfacher ist das Spiel.

Lang – länger – am längsten

Reflexion über Sprache

Art: Kommunikationsspiel

Kompetenz: Wortschatz erweitern

Material: –

Schwierigkeitsstufe: leicht

Vorbereitung

–

Durchführung

Die Schüler finden sich zu Paaren zusammen. Geben Sie einen Buchstaben vor. Die Paare suchen nun innerhalb der nächsten 15 Sekunden das längste Wort, das ihnen mit diesem Buchstaben einfällt. Ist die Zeit abgelaufen, stellt jedes Paar sein Wort vor und erhält so viele Punkte, wie das Wort Buchstaben hat.
Das Paar mit den meisten Punkten gewinnt.

Variation

Die Schwierigkeit kann dadurch gesteigert werden, dass in jeder Runde ein Buchstabe mehr vorgegeben wird, z. B.:

- G
- Gu
- Gun
- Guns
- Gunst
- usw.

Wörter nach Vorgabe

Art: Schreibspiel

Kompetenz: Wortschatz/Rechtschreibung trainieren

Material: Zettel, Stift

Schwierigkeitsstufe: leicht

Vorbereitung

–

Durchführung

Geben Sie Buchstaben (z. B. „e + l + m", „a + y" ...) oder Buchstabenkombinationen (z. B. „vor", „heit", „bar" ...) vor. Die Schüler schreiben nun innerhalb einer Minute möglichst viele Wörter auf, die diese Vorgaben enthalten. Nach Ende der Zeit fragen Sie ab, wer die meisten Wörter gefunden hat. Der Spieler liest seine Ergebnisse vor und es wird gemeinsam kontrolliert, ob sie richtig sind.
Stimmen alle Wörter, hat er gewonnen.

Variation

Man kann das Spiel auch in zwei Gruppen spielen: Jedes Team bekommt eine Vorgabe (z. B. eine Gruppe „heit", die andere „keit"). Jeder Schüler schreibt für sich. Bei der Auswertung liest der Spieler mit den meisten Wörtern seine Ergebnisse vor, danach ergänzen die anderen Teammitglieder weitere Wörter. Für jedes richtige Wort gibt es einen Punkt. Die Gruppe mit den meisten Punkten gewinnt.

Anschlusswörter

Art: Kommunikationsspiel

Kompetenz: Wortschatz trainieren

Material: –

Schwierigkeitsstufe: leicht/mittel

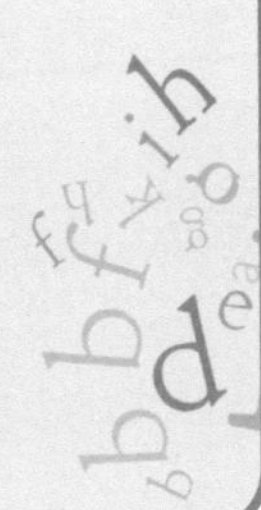

Vorbereitung

–

Durchführung

Die Schüler stehen an ihren Plätzen auf. Geben Sie ein zusammengesetztes Nomen (z. B. „Baumhaus") vor. Der Schüler rechts von Ihnen muss nun mit dem zweiten Teil ein neues Nomen bilden (z. B. „Haustier"). Findet er keines oder dauert die Antwort zu lange, muss sich der Spieler hinsetzen und der nächste ist dran. Gewonnen hat der Schüler, der als letzter noch steht.

Variationen

- Sie können eine bestimmte Anzahl an Runden vorgeben, die gespielt werden sollen. Gewonnen haben dann alle, die am Ende der letzten Runde noch stehen.
- Die Schwierigkeit kann erhöht werden, indem eine Wortart vorgegeben wird, die ergänzt werden soll (z. B. nur „Nomen – Nomen": s. o., abwechselnd Nomen – Adjektiv: „taubenblau" – „Blauwal" usw.).
- Deutlich leichter wird das Spiel, wenn man einfache, also nicht zusammengesetzte Wörter verwendet. Dann wird mit dem letzten Buchstaben des Wortes ein neues Wort gebildet, z. B. „Vogel", „leicht", „treu" etc.).

Wörter ohne Vokale

Reflexion über Sprache

Art: Schreibspiel

Kompetenz: Rechtschreibung/Wortschatz trainieren

Material: Zettel und Stifte

Schwierigkeitsstufe: mittel

Vorbereitung

–

Durchführung

Die Schüler finden sich zu Paaren zusammen. Jedes Team überlegt sich fünf Begriffe, die mit dem Unterrichtsthema zusammenhängen, und notiert sie auf einem Blatt. Dabei lassen sie jedoch die Vokale weg (z. B. zum Thema „Nebensätze“: Relativsatz – Rltvstz; Komma – Kmm etc.). Je zwei Paare tauschen ihre Zettel aus. Jedes Team hat nun zwei Minuten Zeit, die Begriffe zu entschlüsseln.
Die Paare, die alle Wörter gefunden haben, gewinnen.

Variationen

- Leichter wird das Spiel, wenn an die Stellen, an denen Vokale fehlen, ein Strich gesetzt wird (z. B. K_mm_).
- Schwieriger wird das Spiel, wenn die Reihenfolge der Konsonanten vertauscht wird (z. B. vttzslR).

Passiv-Spiel

Art: Kommunikationsspiel

Kompetenz: Flexionsformen wiederholden/trainieren

Material: –

Schwierigkeitsstufe: mittel

Vorbereitung

–

Durchführung

Alle Schüler stehen auf. Der Schüler links von Ihnen beginnt und zeigt auf einen Gegenstand in der Klasse. Sein linker Nachbar muss spontan einen Satz im Passiv bilden, in dem dieser Gegenstand vorkommt. Schafft er das, darf er selbst einen neuen Gegenstand auswählen und der nächste Schüler bildet einen Satz im Passiv usw. Macht er einen Fehler oder kann nicht schnell genug einen Satz bilden, muss er sich setzen und sein Nachbar ist dran. Sieger ist, wer am Schluss noch steht.

Variation

Die Spieler können auch Sätze in anderen grammatischen Formen bilden, z. B. Relativsätze, Sätze im Perfekt etc.

Art: Wissensspiel

Kompetenz: Rechtschreibung trainieren

Material: rote und grüne Karteikarten, Tafel und Kreide

Schwierigkeitsstufe: mittel/schwer (variabel)

Vorbereitung

Suchen Sie fehlerträchtige Wörter oder Fremdwörter aus dem Wörterbuch heraus (Beispiele siehe Folgeseite). Die Schüler bekommen je eine rote und eine grüne Karteikarte (ggf. haben sie solche Karten ohnehin schon).

Durchführung

Schreiben Sie ein Fremdwort an die Tafel. Die Schüler halten nun ihre Karteikarten hoch: Ist das Wort ihrer Meinung nach richtig geschrieben, zeigen sie die grüne Karte, ist es ihrer Ansicht nach falsch, die rote. Lösen Sie das Rätsel auf, sobald sich alle entschieden haben. Jeder bekommt für die richtige Einschätzung einen Punkt. Wer am Schluss die meisten Punkte hat, gewinnt.

Variationen

- Die Schwierigkeit der Wörter können Sie je nach Lerngruppe variieren.
- Werden gerade bestimmte Fehlerschwerpunkte im Unterricht behandelt, suchen Sie dementsprechend passende Wörter heraus (s – ss, d – t usw.). Sie können auch Fremdwörter zu aktuellen Unterrichtsthemen oder häufige Fehler (z. B. nach Klassenarbeiten) verwenden.

Tipp

Sind keine Karten vorhanden, können auch zwei andere Gegenstände für die Abstimmung benutzt werden: Stift – Lineal, grüne Mappe – rote Mappe usw.

Richtig und falsch geschriebene Wörter:

Addresse
Substantiwierung
Quadrat
Aukzion
adverbiale Bestimmung
sensiebilisieren
Diskusion
Intolleranz
Fotografie
Prinziep
exclusiv
Orientierung
interpretieren
Symetrie
intensivieren
pieksen

Lösung:

Adresse
Substantivierung
Quadrat
Auktion
adverbiale Bestimmung
sensibilisieren
Diskussion
Intoleranz
Fotografie
Prinzip
exklusiv
Orientierung
interpretieren
Symmetrie
intensivieren
piksen

Aus alt mach neu (1/3)

Reflexion über Sprache

Art: Schreibspiel

Kompetenz: Sprachwandel nachvollziehen

Material: Kopie/Folie eines klassischen Textes, ggf. OHP/Whiteboard

Schwierigkeitsstufe: schwer

Vorbereitung

Wählen Sie einen Text aus, der ein älteres sprachliches Niveau aufweist, z. B. aus einer aktuellen Klassenlektüre. Bereiten Sie den Text so vor, dass Sie ihn als Kopie austeilen oder den Schülern am Overheadprojektor/Whiteboard zeigen können. Erstellen Sie eine modernisierte Musterlösung (Beispiele siehe Folgeseiten).

Durchführung

Präsentieren Sie den Schülern den Text. Stellen Sie ihnen die Aufgabe, ihn in modernes Deutsch zu „übersetzen". Dazu haben sie drei Minuten Zeit. Anschließend tauschen alle Schüler ihren Text mit dem Nachbarn. Sie zeigen ihnen die Musterlösung, sodass sie den Text ihres Mitschülers korrigieren können.

Tipps

- Besprechen Sie mit den Schülern, dass es nicht nur eine „richtige" Lösung gibt. Beim Korrigieren der Texte können auch andere Versionen als die Musterlösung passend sein.
- Je älter die Texte sind, desto schwieriger ist es, eine moderne „Übersetzung" anzufertigen.

Johann Wolfgang von Goethe

Wilhelm Meisters Lehrjahre

Als Wilhelm seine Mutter des anderen Morgens begrüßte, eröffnete sie ihm, dass der Vater sehr verdrießlich sei und ihm den täglichen Besuch des Schauspiels nächstens untersagen werde. Wenn ich gleich selbst, fuhr sie fort, manchmal gern ins Theater gehe, so möchte ich es doch oft verwünschen, da meine häusliche Ruhe durch deine unmäßige Leidenschaft zu diesem Vergnügen gestört wird. Der Vater wiederholt immer, wozu es nütze sei? Wie man seine Zeit nur so verderben könne?

(Quelle: von Goethe, Johann Wolfgang: Wilhelm Meisters Lehrjahre. Johann Friedrich Unger, 1775.)

Musterlösung:
Als Wilhelm seine Mutter am nächsten Morgen begrüßte, erklärte sie ihm, dass sein Vater sehr böse auf ihn sei. Außerdem würde er ihm demnächst verbieten, ins Theater zu gehen. Sie sagte: „Ich gehe ja selbst gern hin und wieder ins Theater, aber mittlerweile kann ich es nicht mehr sehen. Und weißt du, warum? Weil deine wahnsinnige Leidenschaft für die Bühne unser Familienleben kaputt macht. Dein Vater fragt sich nämlich immer öfter, was das nützt und warum du dort immer wieder deine ganze Zeit vertrödelst."

Gottfried von Straßburg

Tristan und Isolde

ein senelicher maere
daz tribe ein senedaere
mit herzen und mit munde
und senfte so die stunde.
[...]
ich will in wol bemaeren
von edelen senedaeren,
die reiner sene wol taten schin:
ein senedaere unde ein senedaerin,
ein man ein wip, ein wip ein man,
Tristan Isolt, Isolt Tristan.

(Quelle: von Straßburg, Gottfried: Tristan. Weidmann, 1930).

Musterlösung:
Eine Liebesgeschichte. Das ist eine Ablenkung, mit der sich ein Liebender die Zeit vertreiben kann. [...]
Ich will deshalb von einem perfekten Liebespaar erzählen, das in vollkommener Leidenschaft füreinander lebte. Ein Liebender – eine Liebende, ein Mann – eine Frau, Tristan – Isolde.

Methoden

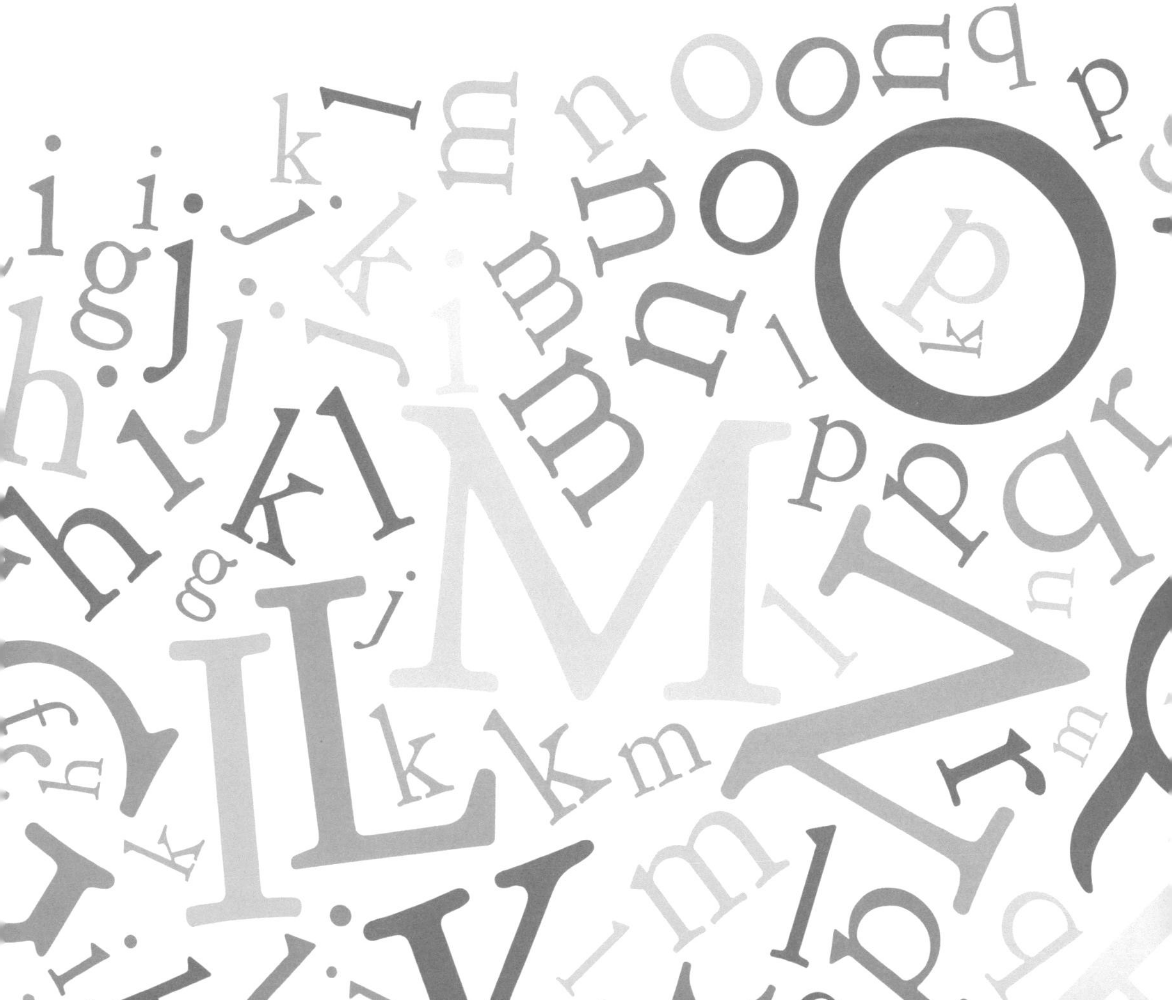

Finde das Schlüsselwort

Art: Wissensspiel/Bewegungsspiel

Kompetenz: Schlüsselwörter in einem Text erkennen

Material: Sachtext als Kopie oder Folie, ggf. OHP/Whiteboard

Schwierigkeitsstufe: leicht

Vorbereitung

Suchen Sie einen geeigneten Sachtext und markieren Sie in jedem Abschnitt die Schlüsselwörter. Bereiten Sie den Originaltext (ohne Markierungen) als Kopie im Klassensatz oder zur Präsentation am Overheadprojektor/Whiteboard vor.

Durchführung

Die Schüler stellen sich hinter ihren Stuhl. Zeigen Sie ihnen den Text am Overheadprojektor/Whiteboard. Lesen Sie jeden Abschnitt vor (oder lassen Sie einen Schüler vorlesen) und nennen Sie dann einen Begriff aus dem Text. Die Schüler stimmen nun ab: Diejenigen, die den Begriff für ein Schlüsselwort halten, zeigen auf. Ist das richtig, dürfen sie stehen bleiben. Wer nicht aufgezeigt hat, muss sich setzen.
Ist der Begriff kein Schlüsselwort, setzen sich die Schüler, die aufgezeigt haben. Verfahren Sie auf diese Weise mit dem gesamten Text. Die Schüler, die am Schluss noch am Platz stehen, haben gewonnen.

Tipps

- Achten Sie darauf, dass die Abschnitte möglichst kurz sind, damit es möglichst viele Abstimmungen gibt.
- Wählen Sie möglichst eindeutige Wörter (Schlüsselwort ja oder nein) aus.

Wörter finden

Art: Wissensspiel

Kompetenz: Arbeit mit dem Wörterbuch trainieren

Material: Wörterbücher im Klassensatz

Schwierigkeitsstufe: leicht

Vorbereitung

Teilen Sie den Schülern die Wörterbücher aus.

Durchführung

Schlagen Sie das Wörterbuch an einer beliebigen Stelle auf und nennen Sie ein Wort oder schreiben es an die Tafel. Die Schüler müssen dieses Wort möglichst schnell in ihrem Wörterbuch nachschlagen. Wer das Wort gefunden hat, ruft „Stopp!", kommt nach vorn und zeigt Ihnen das Wort. Ist es richtig, bekommt der Spieler einen Punkt, ist es falsch, muss er eine Runde aussetzen. Wer am Schluss die meisten Punkte hat, gewinnt.

Variation

Schwieriger wird das Spiel, wenn Sie konjugierte Formen o. Ä. nennen (z. B. „geflunkert") und die Schüler die Grundform suchen müssen.

Regel-Koffer packen

Art: Kommunikationsspiel/Wissensspiel

Kompetenz: wichtige Regeln (für Referate, Gruppenarbeiten etc.) wiederholen

Material: –

Schwierigkeitsstufe: mittel

Vorbereitung

–

Durchführung

Das Spiel ist eine Variante des bekannten „Kofferpackens". Wählen Sie einen Unterrichtsgegenstand, dessen Regeln oder Kriterien wiederholt werden sollen (z. B. Referate, Gruppenarbeiten, Analysieren von Texten). Beginnen Sie, indem Sie den Satzanfang, z. B. „Ich halte ein Referat und beachte dabei, ..." vorgeben. Der erste Schüler beendet den Satz, z. B. „Ich halte ein Referat und beachte dabei, dass ich laut und deutlich spreche." Der nächste Schüler wiederholt den Satz und verlängert ihn um eine weitere Regel, z. B. „Ich halte ein Referat und beachte dabei, dass ich laut und deutlich spreche und meine Power-Point-Präsentation auf dem Whiteboard läuft." Dann folgt der nächste mit einer weiteren Regel usw. Kann ein Spieler sich nicht an alles erinnern oder findet keine weitere Regel, scheidet er aus und sein Nachbar beginnt mit dem Satz von vorn. Gewonnen hat der Spieler, der am Schluss übrig bleibt.

Variation

Das Spiel kann auch mit Methoden, Regeln zum Sozialverhalten etc. gespielt werden.

Art: Wissensspiel

Kompetenz: wichtige Regeln zu verschiedenen Themen/Methoden wiederholen

Material: Würfel

Schwierigkeitsstufe: mittel

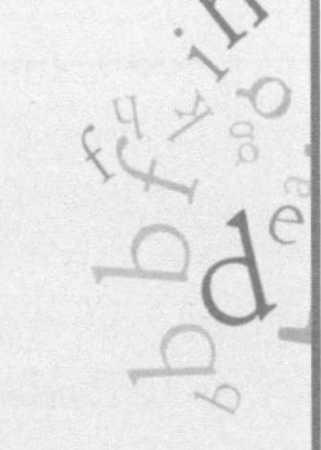

Vorbereitung

Sammeln Sie wichtige Regeln und Methoden, die Sie mit Ihren Schülern wiederholen wollen. Notieren Sie dazu ggf. die wichtigsten Stichpunkte (Beispiele siehe Folgeseite).

Durchführung

Losen Sie den Startspieler aus. Nennen Sie ihm ein Thema, z. B. „Eine Klassenarbeit vorbereiten". Würfeln Sie mit einem Würfel. Die Anzahl der Augen gibt an, wie viele Regeln/Methoden der Schüler zum Thema nennen muss (z. B. 3: „Ich teile mir die Arbeit in kleine Portionen ein.", „Ich lerne über einen längeren Zeitraum und nicht erst am letzten Abend vorher.", „Ich sorge für genügend Ausgleich z. B. durch Sport."). Kann er antworten, bleibt der Schüler im Spiel. Hat er zu wenige Regeln genannt, scheidet er aus und sein Nachbar versucht, die Regeln zu vervollständigen. Danach wird der nächste Spieler ausgelost.

Variation

Das Spiel kann auch auf andere Bereiche übertragen werden, z. B. auf grammatische Phänomene (Sätze bilden im 1: Futur II, 2: Futur I: 3: Präsens, 4: Perfekt, 5: Präteritum, 6: Plusquamperfekt/eine entsprechende Anzahl von Sätzen mit einem Relativsatz bilden usw.).

Eins bis sechs (2/2)

Nenne eine bis sechs Regeln/Methoden zum Thema:

- ➲ eine Klassenarbeit vorbereiten
- ➲ den Arbeitsplatz zu Hause gestalten
- ➲ die Schultasche packen
- ➲ ein Referat halten
- ➲ ein Referat vorbereiten
- ➲ eine Mappe führen
- ➲ ein Heft führen
- ➲ eine Buchvorstellung vorbereiten
- ➲ die mündliche Mitarbeit verbessern
- ➲ einen Sachtext analysieren
- ➲ einen epischen Text analysieren
- ➲ einen lyrischen Text analysieren
- ➲ einen dramatischen Text analysieren
- ➲ eine Inhaltsangabe schreiben
- ➲ einen Zeitungsbericht schreiben
- ➲ eine Vorgangsbeschreibung erstellen
- ➲ eine spannende Geschichte schreiben
- ➲ eine Bewerbung schreiben
- ➲ eine Erörterung schreiben
- ➲ eine Schreibkonferenz durchführen
- ➲ eine Gruppenarbeit organisieren
- ➲ ein Standbild bauen
- ➲ ein Rollenspiel durchführen
- ➲ eine Diskussion leiten
- ➲ eine Rede halten
- ➲ usw.

Fachwörter-Contest

Art: Wissensspiel/Bewegungsspiel

Kompetenz: Fachbegriffe wiederholen

Material: Sammlung von Fachbegriffen

Schwierigkeitsstufe: mittel

Vorbereitung

Sammeln Sie Fachbegriffe aus Ihrer aktuellen Unterrichtsreihe (z. B. Gedichtanalyse) und notieren Sie diese auf einem Zettel oder auf Karteikarten.

Durchführung

Die Schüler bilden zwei Teams, die sich jeweils in einer Reihe aufstellen. Lesen Sie den ersten Fachbegriff vor, z. B. „Paarreim". Eine Gruppe beginnt: Der erste Schüler in der Reihe versucht, den Begriff mit eigenen Worten zu erklären. Für die richtige Definition gibt es einen Punkt. Liegt der Schüler falsch, geht der Begriff an den ersten Spieler des anderen Teams, der nun sein Glück versucht. Anschließend stellen sich beide Schüler hinten an und die nächsten beiden ersten sind an der Reihe. Wurde ein Begriff korrekt erklärt, wird das nächste Wort vorgelesen. Anderenfalls bleib ein Begriff so lange im Spiel, bis ein Schüler ihn richtig erklärt hat. Gewonnen hat die Gruppe, die am Schluss die meisten Punkte hat.

Lesetechnik leicht gemacht (1/2)

Methoden

Art: Bewegungsspiel

Kompetenz: 5-Schritt-Lesetechnik wiederholen

Material: Karteikarten mit den fünf Schritten darauf (KV)

Schwierigkeitsstufe: mittel

Vorbereitung

Erstellen Sie Karten, auf denen je ein Schritt der 5-Schritt-Lesetechnik beschrieben wird (Kopiervorlage siehe Folgeseite). Es müssen so viele Karten wie Schüler vorhanden sein. Geht die Zahl nicht auf, bleiben die übrig gebliebenen Karten auf dem Pult liegen.

Durchführung

Verteilen Sie die Karten unter den Schülern. Diese bewegen sich frei durch den Raum und versuchen, so schnell wie möglich eine 5er-Gruppe zu bilden, in der jeder Schritt einmal vorkommt. Anschließend stellen sie sich in der richtigen Reihenfolge auf und melden sich, sodass Sie sehen können, wer als erster fertig war. Das Spiel endet, wenn alle Schüler eine Gruppe gefunden haben. Bleibt ein Team unvollständig, bekommt es die übrig gebliebenen Karten und stellt damit die richtige Reihenfolge dar. Gewonnen hat die Gruppe, die sich als erste richtig aufgestellt hat.

Übersicht über den Text verschaffen

Fragen an den Text stellen

Text genau lesen

Text in Abschnitte gliedern und diese zusammenfassen

Hauptaussagen des Textes formulieren

Mindmapping

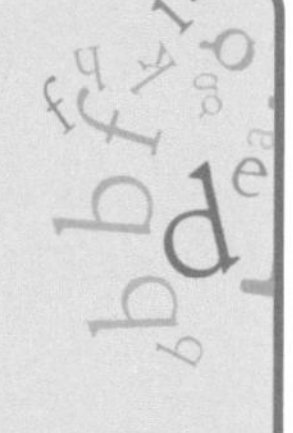

Art: Schreibspiel

Kompetenz: eine Mindmap erstellen

Material: Plakate und Filzschreiber, Zettel und Stifte

Schwierigkeitsstufe: mittel

Vorbereitung

Teilen Sie die Schüler in 4er-Gruppen ein und bereiten Sie für jede Gruppe ein Plakat vor: Schreiben Sie in die Mitte ein Thema, zu dem die Gruppen eine Mindmap erstellen sollen (das kann ein Unterrichtsthema sein, aber auch ein freies Thema).

Durchführung

Die Schüler finden sich in 4er-Gruppen zusammen und erhalten neben dem Plakat zusätzlich Stifte und einen Zettel. Sie erstellen nun eine möglichst umfangreiche Mindmap – ohne dabei ein Wort zu sprechen. Die Kommunikation muss schriftlich über den Zettel geschehen. Nach fünf Minuten werden die Plakate aufgehängt und von Ihnen nach folgenden Kriterien bewertet:

- Wer hat die meisten passenden Bergriffe gefunden und richtig eingetragen?
- Wie gut werden bekannte Kriterien umgesetzt (Hierarchie der Äste, übersichtlicher Aufbau, leserliche Schrift etc.)?

Inhaltsangabe leicht gemacht (1/2)

Art: Wissensspiel

Kompetenz: Textkriterien einer Inhaltsangabe wiederholen

Material: Karten mit Stichworten zur Methode (KV)

Schwierigkeitsstufe: mittel

Vorbereitung

Teilen Sie die Klasse in Kleingruppen ein. Kopieren Sie die Darstellung zur Inhaltsangabe (Kopiervorlage siehe Folgeseite) oder bereiten Sie eine eigene Übersicht vor, auf der die wichtigsten Stichworte in verkürzter, unvollständiger oder verklausulierter Form angegeben sind. Kopieren Sie die Übersicht einmal für jede Gruppe oder zeigen Sie sie am Overheadprojektor/Whiteboard.

Durchführung

Die Schüler bekommen/sehen die Karteikarten mit den Hinweisen zur Inhaltsangabe. Daraus erarbeiten Sie in der vorgegebenen Zeit eine entsprechende Anzahl von Regeln, die beim Schreiben einer Inhaltsangabe beachtet werden müssen. Am Schluss werden die Ergebnisse im Plenum besprochen und verglichen.

Variation

Die Karten können zu jeder bekannten Textsorte (Nacherzählung, Bericht etc.) oder auch zu Methoden erstellt werden. Gegebenenfalls muss dann entsprechend mehr Zeit eingeplant werden.

Hinweiskarten

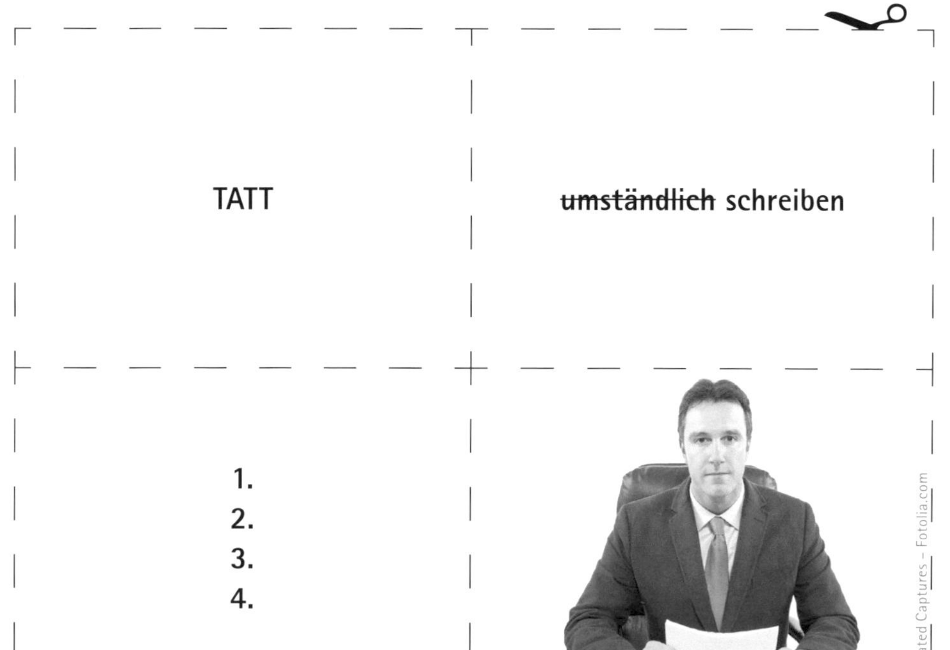

Lösung

1. Einleitungssatz formulieren, inklusive **Titel**, **Autor**, **Textart** und **Thema**.

2. Knapp und kurz formulieren.

3. Das Wichtigste der Reihe nach berichten.

4. Sachlich schreiben.

Was kommt als Nächstes?

Art: Wissensspiel

Kompetenz: Arbeit mit dem Wörterbuch trainieren

Material: Wörterbuch

Schwierigkeitsstufe: mittel/schwer (Variation)

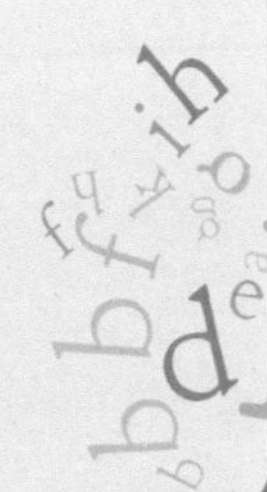

Vorbereitung

–

Durchführung

Zwei Schüler werden ausgelost und kommen nach vorn. Der Startspieler erhält ein Wörterbuch und schlägt es willkürlich auf. Er liest zwei Wörter in beliebiger Reihenfolge vor. Sein Gegenüber muss innerhalb der nächsten Sekunden bestimmen, welches Wort im Alphabet zuerst kommt und welches folgt. Liegt er richtig, übernimmt er das Wörterbuch und sein Mitspieler setzt sich auf seinen Platz. Liegt er falsch, darf der Vorleser weitermachen und der nächste Spieler kommt nach vorn.

Variation

Schwieriger wird das Spiel, wenn bei jedem Fehler die Anzahl der vorgelesenen Wörter um eines erhöht wird.

Vortrag mit Gefühl (1/3)

Methoden

Art: Kommunikationsspiel

Kompetenz: Texte gestaltend vortragen

Material: verschiedene Gefühlskarten (KV)

Schwierigkeitsstufe: schwer

Vorbereitung

Erstellen Sie möglichst viele Karten, auf denen unterschiedliche Gefühle notiert sind (Kopiervorlage siehe Folgeseiten). Wählen Sie einen kurzen Text aus, der zur Unterrichtsreihe passt (Gedicht, Lehrwerkstext etc.).

Durchführung

Ein Schüler wird ausgelost. Er kommt nach vorn, zieht eine Gefühlskarte und trägt den Text in dieser Stimmung vor. Nach dem Vortrag raten die Zuschauer, welche Emotion darstellt wurde. Nennt jemand die richtige Lösung, bekommt er einen Punkt und der nächste Spieler wird ausgelost.

Variation

Die Schüler sammeln zunächst Emotionen an der Tafel. Der „Redner" wählt eines dieser Gefühle aus und sagt es Ihnen leise, sodass Sie die Lösung kontrollieren können.

fröhlich	traurig
wütend	am Boden zerstört
ängstlich	selbstbewusst
arrogant	verliebt
nachdenklich	himmelhoch jauchzend

genervt	verschlafen
gelangweilt	überrascht
gut gelaunt	teilnahmslos
zu Tode erschrocken	gerührt
eifersüchtig	mitleidig

Pro vs. Kontra

Art: Kommunikationsspiel

Kompetenz: die eigene Meinung vertreten und äußern/Argumente formulieren

Material: Zettel und Stifte

Schwierigkeitsstufe: schwer

Vorbereitung

Überlegen Sie sich Themen, die für eine Pro-und-Kontra-Debatte geeignet sind (z. B. „Soll es in der Mensa nur noch vegetarische Gerichte geben?", „Sollen Klassenfahrten ins Ausland abgeschafft werden?" etc.).

Durchführung

Die Schüler finden sich in vier Gruppen zusammen. Je zwei werden als „Pro-Gruppe" und je zwei als „Kontra-Gruppe" bestimmt. Die Teams haben nun vier Minuten Zeit, Argumente für ihre Position zu sammeln und aufzuschreiben. Ist die Zeit um, nennen die Gruppen reihum jeweils ein Argument (abwechselnd pro und kontra). Hat eine Gruppe keine Argumente mehr, nennt eines doppelt oder macht einen Fehler (trägt z. B. einen Beleg statt eines Arguments vor), scheidet sie aus.
Die Gruppe, die als letzte noch Argumente vortragen kann, hat gewonnen.

Medientipps

Britta Book:
30 x 45 Minuten Deutsch.
Fertige Stundenbilder für Highlights zwischendurch.
Verlag an der Ruhr, 2015.
ISBN 978-3-8346-2755-1

Emma Achtfelsen:
Wer sitzt, verliert!
99 Bewegungsspiele für einen aktiven Deutschunterricht.
Verlag an der Ruhr, 2016.
ISBN 978-3-8346-3236-4

Alexandra Piel:
Appetizer Deutsch.
Ideen und Materialien für themenorientierte Unterrichtseinstiege.
Verlag an der Ruhr, 2014.
ISBN 978-3-8346-2619-6

Stephan Sigg:
Schreib-Kicks für Schüler.
66 fix und fertige kreative Unterrichtsideen zum Texteschreiben.
Verlag an der Ruhr, 2015.
ISBN 978-3-8346-2760-5